Rolf Morrien | Heinz Vinkelau

Alles, was Sie über Charlie Munger wissen müssen

FBV

Bibliografische Information der Deutschen Nationalbibliothek
Die Deutsche Nationalbibliothek verzeichnet diese Publikation in der Deutschen Nationalbibliografie. Detaillierte bibliografische Daten sind im Internet über http://dnb.d-nb.de abrufbar.

Für Fragen und Anregungen:
info@finanzbuchverlag.de

1. Auflage 2018

ein Imprint der Münchner Verlagsgruppe GmbH
Nymphenburger Straße 86
D-80636 München
Tel.: 089 651285-0
Fax: 089 652096

Redaktion: Judith Engst
Korrektorat: Sonja Rose
Umschlaggestaltung: Melanie Kretzschmar
Umschlagabbildung: picture alliance/AP Images
Satz: inpunkt[w]o, Haiger (www.inpunktwo.de)
Druck: GGP Media GmbH, Pößneck
Printed in Germany

ISBN Print 978-3-95972-118-9
ISBN E-Book (PDF) 978-3-96092-205-6
ISBN E-Book (EPUB, Mobi) 978-3-96092-206-3

INHALT

EINLEITUNG – WARUM SIE EINE BUCHREIHE ÜBER BÖRSEN-LEGENDEN LESEN SOLLTEN

Warren Buffett, der wahrscheinlich berühmteste und erfolgreichste Investor der modernen Börsengeschichte, sagt über die Geldanlage: »Sie ist einfach, aber nicht leicht.« Sein kongenialer Partner Charlie Munger formuliert es ganz ähnlich: »Nehmen Sie eine einfache Idee und nehmen Sie sie ernst.«

Die erfolgreiche Geldanlage ist keine Geheimwissenschaft. Viele Strategien, die wir Ihnen in unserer Buchreihe »Legenden der Börse« vorstellen, sind sogar – ganz im Sinne von Buffett und Munger – denkbar einfach. Man muss nur wissen, wie die einzelne Strategie funktioniert, und dieses theoretische Wissen dann konsequent in die Praxis umsetzen.

In dieser Buchreihe starten wir immer mit dem Lebenslauf der jeweiligen »Börsen-Legende«. Sie werden schnell erkennen, dass oft schon die frühen Lebensjahre die späteren Investoren geprägt haben. Fast schon ein Klassiker ist eine Anekdote aus den Kinderjahren von Warren Buffett. Ausgerüstet mit einem Münzwechsler klapperte der kleine Warren die Häuser in der Nachbarschaft ab und verkaufte Coca-Cola für 5 Cent pro Flasche. Vorher hatte er die Cola als Sixpack im Lebensmittelgeschäft seines Großvaters für 25 Cent eingekauft. Seine Rechnung lautete: 25 Cent investieren, um einen Umsatz von 30 Cent zu erzielen (6 x 5 Cent je Flasche). Die Gewinnmarge lag also bei 20 Prozent. Der Legende nach hat ihn diese Gewinnmarge von 20 Prozent sein Leben lang geprägt. Buffett hat bei seinen Geschäften immer wieder ähnliche Renditen angestrebt und auch erreicht.

Sie können jetzt zwar nicht die Kindheitserinnerungen der großen »Börsen-Legenden« nachholen, aber Sie erfahren in unseren Büchern, wie sich die Personen zu Persönlichkeiten entwickelt haben. Im zweiten Schritt zeigen wir Ihnen die Investitionserfolge und abschließend die Strategien, mit denen Buffett, Munger und Co. so erfolgreich wurden.

Warum sollten Sie auch versuchen, eine ganz neue, nicht erprobte Anlage-Strategie zu »erfinden«, wenn es doch ein Dutzend Spitzenkönner gibt, die in den vergangenen Jahren, Jahrzehnten oder Jahrhunderten jeweils einen erfolgreichen Weg gefunden haben? Die Strategien der Meister in den Grundzügen nachzuahmen, ist kein Makel. Im Gegenteil: Es ist eine Kunst, eine erfolgreiche Strategie zu erkennen, zu verstehen und neu umzusetzen. Wer dagegen nur auf eigene Ideen baut und die Erkenntnisse der nachweislich erfolgreichen Investoren ignoriert, läuft leicht Gefahr, bereits bekannte Fehler zu wiederholen – und auf diese Weise irgendwann in einer Sackgasse zu landen. Einen solchen Irrweg können Sie sich ersparen, wenn Sie von den Besten lernen.

Dabei geht es nicht darum, einen berühmten Investoren in allen Dingen 1 zu 1 zu kopieren. Es geht darum, Entscheidungsprozesse und Entscheidungen zu verstehen. Sehr schön hat das Tren Griffin in seinem bemerkenswerten Buch »Charlie Munger – Ich habe dem nichts mehr hinzuzufügen« formuliert:

> »Niemand anders kann Charlie Munger sein, ebenso wenig, wie jemand anders Warren Buffett sein kann. Es geht nicht darum, jemanden als Helden zu feiern, sondern darum, zu überlegen, ob Munger wie sein eigenes Vorbild Benjamin Franklin Qualitäten, Merkmale, Systeme oder Lebenskonzepte hat, denen wir nacheifern wollen, vielleicht auch nur zum Teil. Genau diese Möglichkeit ist auch der Grund dafür, warum Munger Hunderte von Biografien gelesen hat: Vom Erfolg wie vom Scheitern anderer zu lernen, ist die schnellste Methode, um intelligenter und klüger zu werden, ohne dabei allzu viel selbst erleiden zu müssen.«

Zum Abschluss noch ein Durchhalteappell von Charlie Munger, falls die Börsengewinne bei Ihnen nicht sofort fließen: »Die ersten 100.000 Dollar sind eine echte Zicke.«

Viel Vergnügen bei der Lektüre und üppige Börsengewinne in der Zukunft wünschen Ihnen

Heinz Vinkelau & Rolf Morrien

CHARLIE MUNGER: DER WICHTIGE MANN IM HINTERGRUND

Am Neujahrstag des Jahres 1924 wurde Charles Thomas Munger als ältestes Kind des Anwalts Alfred C. Munger und seiner Frau Florence in Omaha/Nebraska geboren. Die Mungers waren eine traditionelle Juristenfamilie. Schon Charlies Großvater Thomas Charles Munger hatte als Richter in Lincoln/Nebraska gearbeitet. Auch Charlies Vater hatte Jura studiert und 1915 eine Anwaltskanzlei in Omaha/Nebraska eröffnet, in der er bis zu seinem Tode im Jahr 1959 praktizierte.

Die Stadt Omaha ist mit 440.000 Einwohnern die größte Stadt Nebraskas. Bekannt ist Omaha als Geburtsort einiger großer Schauspieler wie Fred Astaire, Marlon Brando und Nick Nolte sowie des 38. Präsidenten der USA, Gerald Ford. Auch der Bürgerrechtler Malcom X war ein Kind der Stadt. In den Nachkriegsjahren hat sich Omaha nach und nach einen Namen als Investoren-Hochburg gemacht. Diesen Titel hat Omaha den Erfolgen von Warren Buffett und Charlie Munger zu verdanken, den führenden Köpfen der Investment-Holding Berkshire Hathaway (BRK). Zur Berkshire-Hauptversammlung pilgern jedes Frühjahr Zehntausende von Anlegern in die Stadt. Sie sind fasziniert von der als Show inszenierten Veranstaltung, in der die Vorstände Buffett und Munger die aktuellen Zahlen und Entwicklungen ihres Unternehmens präsentieren.

Insider-Tipp: Besuch der Hauptversammlung

Hier ein Insider-Tipp, falls auch Sie Berkshire-Aktien besitzen oder noch kaufen wollen und die Hauptversammlung in Omaha besuchen: Am Vorabend der Hauptversammlung (diese findet traditionell am ersten Samstag im Mai statt) steigt bei Borsheims eine exklusive Party für die Berkshire-Aktionäre. Die Aktionäre können dabei mit satten Rabatten Schmuck einkaufen. Warren Buffett lässt es sich meistens nicht nehmen, bei dieser Gelegenheit persönlich Schmuck zu verkaufen und so die Kasse klingeln zu lassen.

Auf der Hauptversammlung – auch Woodstock für Kapitalisten genannt – geben Warren Buffett und Charlie Munger einen kurzen Rückblick auf die Geschäftserfolge des vergangenen Jahres. Danach beantworten sie Anlegern und Journalisten über mehrere Stunden die zuvor eingereichten Fragen. Hierbei hat sich ein schon als klassisch geltendes Szenario eingespielt. Warren Buffett beantwortet die eingereichten Fragen und lässt sich seine Antwort vom Mann im Hintergrund, Charlie Munger, mit einem »I have nothing further to add« (Ich habe nichts weiteres hinzuzufügen) bestätigen. Am Samstag, direkt nach der Hauptversammlung, steigt dann im großen Möbelmarkt das »Nebraska Furniture Mart's Berkshire Picnic«. An der Hauptversammlung und dem Rahmenprogramm können nur Anteilseigner und akkreditierte Journalisten teilnehmen. Auch die Inhaber der relativ kostengünstigen B-Aktie von Berkshire Hathaway sind zum Besuch der Hauptversammlung berechtigt. Der Clou: Sie können sogar noch drei weitere Personen mitnehmen.

Auch wenn Charlie Munger seine Heimatstadt schon mit 17 Jahren verlassen hat, kehrt er immer wieder gerne zu einem Besuch zurück. Er drückt die Liebe zu seinem Geburtsort wie folgt aus: »Sie können einen Jungen aus Omaha herausnehmen, aber nicht Omaha aus dem Jungen.«[1]

KINDHEIT UND JUGEND IN OMAHA (1924 – 1941)

Munger besuchte die Dundee-Grundschule und wechselte danach an die Central High School von Omaha. Auch wenn Munger aus einer lesefreudigen Familie stammt, tat er sich zunächst mit dem Lesen schwer. Dank der intensiven Unterstützung seiner Mutter änderte sich dies jedoch schnell und Munger las schon im Kindesalter anspruchsvolle Bücher. »Ich habe die überragenden Intellektuellen in den Büchern und nicht im Klassenraum kennen gelernt. Ich kann mich nicht mehr daran erinnern, wann ich Ben Franklin das erste Mal gelesen habe. Ich hatte Thomas Jefferson [im Regal] über meinem Bett, als ich sieben oder acht war.«[2]

In seiner Jugend verbrachte Charlie viel Zeit bei einer befreundeten Familie aus der Nachbarschaft, den Davis'. Seine Schwester Mary war die beste Freundin von Willa Davis, und Charlie war mit den Söhnen der Familie, Eddie und Neal, befreundet. Auch den Familienvater der Davis', einen erfolgreichen Arzt, schätzte er sehr: »Dr. Ed Davis war der beste Freund meines Vaters und ich tat etwas Ungewöhnliches für einen Jungen in meinem Alter von fünf, acht, zwölf und vierzehn Jahren – ich wurde ein Freund des Freundes meines Vaters. Ich konnte sehr gut mit Ed Davis. Wir verstanden einander.«[3] Die

Familie Davis sollte Jahre später zu den ersten Investoren gehören, die auf Warren Buffett setzten. Und viele Jahre später stellte Neal Davis Charlie Munger seinem Freund Warren Buffett vor.

Die große Depression der frühen 30er-Jahre, die viele Amerikaner in den Ruin stürzte, bereitete der Familie Munger keine großen Sorgen. Dies lag vor allem daran, dass Charlies Vater in dieser Zeit eine Klage für eine kleine Seifenfirma übernommen hatte. Diese Klage wurde zur Revision beim US Supreme Court zugelassen und dort vom Colgate-Konzern weiter geführt. Alfred Munger erhielt dafür eine großzügige Abfindung.

Auch wenn seine Familie zu einem gewissen Wohlstand gekommen war, nahm Charlie diverse Ferienjobs an. So kam er erstmals auch in Kontakt mit der Familie Buffett. »Zum ersten Kontakt mit den Buffetts kam es, als ich im Lebensmittelladen der Familie gearbeitet habe. Die Arbeitszeit war lang, der Verdienst gering, in Eisen gefasste Meinungen und null Albernheiten«[4], so fasste Munger seinen Job im Laden des Großvaters von Warren Buffett zusammen. Als Konsequenz aus dem harten und wenig erquicklichen Job im Laden der Buffetts schloss Munger eine Karriere als Einzelhändler aus: »Der Lebensmittelladen der Buffetts war eine erste Einführung in das Geschäftsleben. Es erforderte harte, akkurate Arbeit über lange Stunden, was viele der jungen Arbeiter – einschließlich mich (und später auch Ernests Enkel Warren) – dazu veranlasste, sich nach einer leichteren Karriere umzuschauen.«[5] Bis Charlie Munger aber den erfolgreichsten Spross der Familie seines ersten Arbeitgebers – Warren Buffett – kennenlernte, sollte noch einige Zeit vergehen.

MILITÄRDIENST UND STUDIUM (1941 – 1948)

Kurz nach seinem Highschool-Abschluss verließ Charlie Munger seine Heimatstadt, um ein Mathematik-Studium an der University of Michigan in Ann Arbor aufzunehmen. Im Rahmen dieses Studiums belegte er auch einen Einführungskurs in Physik, der ihm wegen der dort vermittelten wissenschaftlichen Methoden besonders gut gefiel. »Ich bin nicht als Wissenschaftler oder Amateur-Wissenschaftler tätig, aber ich habe eine hohe Achtung gegenüber der Wissenschaft und ich finde die Methoden, die dort angewandt werden, auch sehr hilfreich in anderen Bereichen.«[6]

Nach dem Überfall der Japaner auf Pearl Harbour und dem darauffolgenden Kriegseintritt der USA brach Munger sein Studium ab und meldete sich Ende 1942 freiwillig zum Army Air Corps, einer Vorläuferorganisation der US-Airforce. Den militärischen Einstufungstest absolvierte er mit Bravour und wurde kurz darauf vom einfachen Soldaten (Private) zum Leutnant (second lieutenant – niedrigster Offizier-Rang) befördert.

Als Offizier wurde Charles Munger zunächst an die University of New Mexico/Albuquerque und dann an das California Institute of Technology/Pasadena versetzt, um dort eine Ausbildung als Meteorologe zu durchlaufen. Von Pasadena, einer im Ballungsraum Los Angeles gelegenen Stadt, war Munger so fasziniert, dass es ihn nach dem Krieg dorthin zurückzog. »Süd-Kalifornien war ganz anders [als Nebraska]. Es wirkte viel größer und interessanter als Omaha, eine Stadt die ich liebe.«[7]

Nach seiner Ausbildung zum Meteorologen wurde Munger nach Alaska versetzt. »Ich bin nie in Kampfhandlungen involviert worden. Ich wurde in Nome stationiert. Ich konnte nicht weiter vom Krieg entfernt sein«, so Charlie Munger später. Allerdings lernte Munger in der Einsamkeit Alaskas auch etwas für sein späteres Leben: »Das Pokerspiel in der Army und als junger Anwalt hat meine geschäftlichen Fähigkeiten trainiert. Du musst vor allem lernen, rechtzeitig zu passen, wenn die Gewinnchancen schlecht sind, oder – wenn du gute Karten hast – hoch zu bieten. Denn gute Karten bekommst du nicht oft. Chancen kommen zwar, aber das geschieht nicht oft, drum greif zu, wenn sie kommen.«[8]

Noch während seiner Militärzeit heiratete Charlie Munger seine erste Frau, Nancy Huggins, eine Collegefreundin seiner Schwester Mary. Das junge Paar bekam drei Kinder: Teddy, Molly und Wendy. Als Munger im Jahr 1946 aus dem Militärdienst entlassen wurde, entschied er sich, in die Fußstapfen seines Vaters zu treten. Er bewarb sich an der Harvard Law School in Cambridge/Massachusetts, ohne jemals einen College-Abschluss erlangt zu haben. Dass seine Bewerbung erfolgreich war, war nur möglich durch die Fürsprache eines Freundes der Familie, Roscoe Pound. Pound stammte aus Lincoln/Nebraska und war von 1916 bis 1937 Dekan der Harvard Law School gewesen. Nach nur zwei Jahren schloss Charlie Munger sein Studium als Doktor der Rechtswissenschaften mit magna cum laude ab.

ANWALTSTÄTIGKEIT, IMMOBILIENGESCHÄFTE UND ERSTE INVESTMENTS (1948 – 1965)

Noch im gleichen Jahr zog er mit seiner kleinen Familie nach Süd-Kalifornien und begann dort eine Karriere als Anwalt in der Kanzlei Wright & Garrett in Los Angeles. Sein Startgehalt betrug 3.300 Dollar pro Jahr, was heute inflationsbereinigt gut 30.000 Dollar entspricht. Damit lag das Familieneinkommen der Mungers nur geringfügig über dem damaligen US-amerikanischen Durchschnitt von 3.100 Dollar.[9] Mungers Ersparnisse betrugen zu diesem Zeitpunkt 1.500 Dollar, was einem heutigen Wert von etwa 14.000 Dollar entspricht.[10]

Kaum in Los Angeles angekommen, begann Charlie, seine Netzwerke aufzubauen. Er knüpfte Kontakte in der Juristenszene von Los Angeles und wurde Mitglied im California Club, einem Gentlemen Club nach englischem Vorbild, dem Los Angeles Country Club, einem traditionellen Golfclub, sowie dem Beach Club. Anfang der 50er-Jahre begann Munger seine Einkünfte in Wertpapiere anzulegen. Er investierte in eine Firma seines Klienten Ed Hoskins, die Transformer Engineers Company, die hochwertige Transformatoren für die Waffenindustrie herstellten. Nach dem Ende des Korea-Kriegs sank allerdings die Nachfrage nach solchen Transformatoren, und so verkauften Munger und Hoskins die Firma Anfang der 60er-Jahre. »Es war ein harter Kampf, der eine Menge Nerven gekostet hat. Wir haben beinahe alles verloren. Wir haben schließlich noch den Dreh hinbekommen, aber nicht fabelhaft. Aber wir haben schlussendlich eine respektable Rendite erwirtschaftet«,[11] so Munger. Aus dieser Investition in den Hightech-Bereich, zu denen die Transformator-Technologie damals gehörte, hat Munger seine Schlüsse gezogen. Bis ins hohe Alter war er, was Investitionen in neue Technologien angeht, sehr zurückhaltend.

Auch wenn Munger in den frühen Jahren einen soliden Grundstock für seine berufliche Karriere gelegt hatte, wurden die 50er-Jahre zu einer harten Probe für ihn. Nancy und er lebten sich auseinander und ließen sich 1953 scheiden. Nancy blieb mit ihren drei Kindern in ihrem gemeinsamen Haus in Pasadena, während Munger in eine Studentenbude des University Clubs zog. Molly Munger beschreibt die Zeit der Trennung ihrer Eltern wie folgt: »Wir waren uns sehr bewusst, dass wir – im Vergleich zu anderen – ein Trauma durchlebten. Er [Charlie Munger] fuhr dieses schreckliche Auto – einen gelben Pontiac. Er hatte immer einen hohen Lebensstandard, der sich in seiner Kleidung ausdrückte, aber das Auto machte den Eindruck, als hätte er keine zwei Pennys, um kurz vorbeizuschauen.«[12]

Ein Jahr nach der Scheidung wurde bei Teddy, Mungers ältestem Sohn, Leukämie diagnostiziert. Leukämie war zur damaligen Zeit unheilbar und Teddy starb nach einem Jahr voller Leiden. »Ich kann mir keine Lebenserfahrung vorstellen, die schlimmer ist, als ein Kind nach und nach zu verlieren«,[13] so Munger. »Als er starb, war mein Körpergewicht auf zehn bis 15 Pfund unter Normalgewicht gesunken.«[14] Aber Charlie Munger erholte sich wieder. Im Januar 1956 heiratete er Nancy Barry Borthwick, die er durch einen Kollegen kennengelernt hatte. Nancy, die ebenfalls geschieden war, brachte zwei Söhne, Hal und David, mit in die Familie. In den folgenden Jahren bekamen Charlie und Nancy Munger noch vier gemeinsame Kinder, drei Söhne und eine Tochter. Zusammen mit ihren zwei Jungen aus erster Ehe und den zwei Mädchen, die Warren mit in die Familie brachte, zog Nancy acht Kinder groß und kümmerte sich um den Haushalt der Mungers.[15]

1959 verstarb Charlies Vater Alfred Munger, und Charlie kehrte in seine Heimatstadt Omaha zurück, um den Nachlass seines Vaters zu regeln. Dort traf Charlie Munger auch seinen besten Freund aus Kindertagen, Neal Davis, wieder. Davis hatte in eine von Buffetts Investment-Gesellschaften investiert und fand, dass Charlie und Warren einiges gemeinsam hatten. Daher arrangierte er ein gemeinsames Essen im exklusiven Omaha-Club. Hier trafen sich Munger und Buffett zum ersten Mal, was recht verwunderlich ist, weil sie ja in der gleichen Stadt aufgewachsen waren. »Warren, was machst du so?«, erkundigte sich Munger. »Na ja, ich habe eine Beteiligungsgesellschaft.« »Vielleicht könnte ich das drüben in Los Angeles auch machen.« Buffett schaute ihn an und sagte: »Ja, ich glaube, das könntest du.«[16] Über seine Beziehung zu Warren Buffett sagte Munger später: »Warren und ich sind von Anfang an gut miteinander ausgekommen und sind seitdem Freunde und Geschäftspartner, auch wenn viele unserer Investments nicht immer deckungsgleich waren.«[17]

Nachdem Munger den Nachlass seines Vaters geregelt hatte, kehrte er nach Los Angeles zurück. Den Kontakt mit Warren

Buffett hielt er durch regelmäßige Telefonate aufrecht. Als Buffetts Ehefrau Nancy ihn einmal fragte, warum er Charlie Munger so viel Beachtung schenkte, antwortete Buffett: »Das verstehst du nicht. Das ist kein gewöhnliches menschliches Wesen.«[18]

Exkurs: Charlie Munger und Benjamin Graham

Nachdem Benjamin Graham, der Begründer des Value Investing, seine Investmentgesellschaft in New York geschlossen hatte, zog er 1956 nach Los Angeles (Beverley Hills). Munger, der im nur 30 km entfernten Pasadena wohnte, lernte Graham kennen und schätzen auch deshalb, weil Graham und Munger vieles gemeinsam hatten. »Die Ähnlichkeiten zwischen Graham und Munger waren frappierend«, so die Munger-Biografin Janet Lowe. »Beide bewunderten Benjamin Franklin und eiferten ihm nach. Alle drei – Franklin, Graham und Munger – verloren ihre erstgeborenen Söhne an Krankheiten, die wenige Jahre später geheilt werden konnten. Graham und Munger hatten einen ironischen und gelegentlich albernen Humor und ein großes Interesse an Literatur, Wissenschaften und den Lehren großer Denker. Beide zitierten die Klassiker.«[19]

Auch wenn Charlie Munger die von Graham geprägte Theorie des Value Investing grundsätzlich für richtig hielt, übte er Kritik an dem von Graham entwickelten Zigarrenstummel-Ansatz. Gemeint ist die Auswahl lohnender Investmentziele nach der Frage, ob die betreffenden Unternehmen gleich einem auf der Straße gefundenen, fast aufgerauchten Zigarrenstummel, noch einen letzten kostenlosen Zug erlauben. »Ben Graham hatte dunkle Flecken [in seiner Theorie]. Er hat es unterschätzt, dass einige Unternehmen es wert waren, mit hohen Zuschlägen [zum inneren Wert] gekauft zu werden.«[20] Während Graham immer das ultimative Schnäppchen weit unter dem Substanzwert suchte, war Munger bereit, für ein erstklassiges Geschäftsmodell sogar einen Aufschlag auf den Substanzwert zu zahlen. So unterschiedlich können Value-Strategien sein.

Munger war auch Gründungsmitglied der sogenannten Graham-Runde[21], in der sich diverse Anhänger des Value Investing in regelmäßigen Abständen zum Gedankenaustausch trafen. Legendär ist das erste Treffen dieser Runde, das 1968 in Coronado/Kalifornien stattfand. Weitere Teilnehmer waren damals Investment-Größen wie Warren Buffett, Bill Ruane, Tom Knapp, Walter Schloss, Henry Brandt, Sandy Gottesman, Marshall Weinberg, Ed Anderson, Buddy Fox, Jack Alexander und natürlich Benjamin Graham selbst.

Nach einigen Jahren als angestellter Rechtsanwalt zeigte sich, dass Munger in diesem Job nicht reich werden konnte. Das aber war sein Ziel. »Ich hatte, wie Warren, die große Leidenschaft, reich zu werden«, so Munger. »Nicht weil ich Ferraris gewollt hätte – ich wollte Unabhängigkeit. Ich sehnte mich verzweifelt danach. Ich fand es unwürdig, dass ich anderen Leuten Rechnungen schicken musste. Ich weiß nicht woher ich diese Auffassung hatte, aber ich hatte sie. Seit Jahren lebte ich weit unter meinem Einkommen und sparte Geld.«[22]

Folgerichtig schaute er sich nach Alternativen um und startete Projekte im Bereich der Immobilienentwicklung. 1960 kaufte er ein Herrenhaus mit großem Grundstück in Hancock Park, einem Stadtteil von Los Angeles, riss es ab und verkaufte einen

Teil des Grundstücks mit respektablen Gewinn. Anschließend baute sich Charlie auf dem verbleibenden Grundstück ein eigenes Haus, in dem die Familie Munger noch heute wohnt.

Auf der Grundlage dieser Erfahrungen betätigte sich Charlie wenige Jahre später als Bauträger. Munger sollte im Rahmen seiner Anwaltstätigkeit für seinen Mandanten und späteren Freund Otis Booth eine Immobilie verkaufen. Munger riet Booth jedoch, das Grundstück zu behalten und selbst zu entwickeln. »Ich sagte zu Otis, bau deine eigenen Appartements. Du solltest die beiden Häuser […] nicht in fremde Hände geben. Kauf sie. Reiße sie ab, teile die Grundstücke neu ein, baue und verkaufe die einzelnen Wohneinheiten.« Darauf antwortete Otis: »Charlie, wenn das so eine gute Idee ist, und du dir sicher bist, dass es funktioniert, warum steckst du nicht ein wenig Geld rein und machst das mit mir? Ohne deine Beteiligung mache ich das nicht.«[23] Munger zögerte nicht lange und nahm das Angebot an. Den anteiligen Gewinn aus diesem ersten Immobiliengeschäft – immerhin 200.000 Dollar – investierte Munger in weitere Bauträgerprojekte und erhöhte somit sein Vermögen stetig. »Als ich damit abschloss, hatte ich mit meinen Immobiliengeschäften 1,4 Millionen Dollar verdient. Das war damals eine Menge Geld«,[24] so Munger später. Jedenfalls war es eine gute Grundlage für die Investmentgeschäfte, die Charles Munger in den Folgejahren tätigen sollte.

DIE WHEELER & MUNGER INVESTMENT-PARTNERSCHAFT (1962 – 1976)

Im Jahr 1962 startete Munger durch und gründete gleich zwei neue Unternehmen. Zusammen mit einigen Anwaltskollegen aus der Kanzlei Wright & Garrett gründete er eine eigene Kanzlei mit dem Namen Munger, Tolles, Hills & Wood. Neben der Kanzlei gründeten Charlie Munger und Jack Wheeler im Februar 1962 die Investment-Partnerschaft Wheeler, Munger & Co. (WMP). Nach nur zwei Jahren zog sich Munger jedoch aus der Tätigkeit als Anwalt zurück und verlegte seinen beruflichen Schwerpunkt auf das Investmentgeschäft. »Ich hatte mehr Vertrauen in [meine Investmentgesellschaft] Wheeler, Munger & Co. und ich verdiente damit mehr«,[25] so Munger. Er beriet seine Kanzlei aber weiterhin und behielt dort auch ein Büro.[26] Munger – und später auch Buffett – ließ sich auch nach seinem Ausstieg juristisch durch seine ehemaligen Kollegen vertreten und vermittelte der Kanzlei einige seiner Mandanten. Die Kanzlei firmiert heute unter Munger, Tolles & Olson LLP und gehört zu den preisgekrönten US-Kanzleien mit Büros in Los Angeles, San Francisco und Washington D. C.[27]

Exkurs: Die Mungers – eine Juristen-Dynastie

Wie bereits erwähnt, entstammt Charlie Munger einer Familie, die sich ganz der Juristerei verschrieben hat. Charlies Großvater Thomas Charles Munger hatte sich aus ärmsten Verhältnissen zum Bundesrichter hochgearbeitet. Sein Sohn Alfred studierte ebenfalls Jura und war 44 Jahre lang als Anwalt tätig. Und auch als Charlie Munger nach 17 Jahren seine juristische Karriere aufgab, blieb die Familientradition erhalten. Vier der acht Munger-Kinder sind Rechtsanwälte und fünf Kinder sind mit Juristen verheiratet.

Wheeler, Munger & Co. (WMP) bezog spartanische Büroräume an der Pacific Coast Stock Exchange (PCSE) in Los Angeles. Jack Wheeler hatte in Yale studiert und war an der PCSE als Trader tätig. Er war Mungers Mandant gewesen und spielte regelmäßig Poker mit ihm. Als Mitarbeiter stellte WMP eine Sekretärin und später einen Assistenten namens Ed Anderson ein. Anderson war Munger von Warren Buffett empfohlen worden, der mit Anderson in der Graham-Newman Partnership zusammengearbeitet hatte.

Nach einer gewissen Zeit merkte Munger allerdings, dass die Zusammenarbeit mit Wheeler nicht gut lief. Er bat daher seinen Freund Al Marshall, in die Partnerschaft einzusteigen. Dieser beurteilte Wheeler wie folgt: »Er [Wheeler] war sehr spendabel und lebte auf großem Fuß. Er machte seine Sache sehr gut, aber hin und wieder erlitt er auch gravierende Rückschläge, die Munger gar nicht gefielen.«[28] Schließlich konnte Munger Wheeler überzeugen, sich gegen eine Gewinnbeteiligung aus dem aktiven Geschäft von Wheeler, Munger & Co. zurückzuziehen.

Exkurs: Geschäfte auf dem Golfplatz

Auf einer Hauptversammlung des Daily Journal berichtete Munger über eines seiner besten Investments: Im Jahr 1962 spielte er Golf mit seinem neuen Freund Al Marshall. Marshall kam aus dem Öl-Geschäft, war jedoch arbeitslos geworden. Er plante aber, sein Geld in Öl-Lizenzen zu investieren. Am zweiten Loch fragte Munger, welche Lizenzen er kaufen wolle. Am dritten Loch sagte Munger zu Al, er packe den Kauf falsch an. Daraufhin schlug Marshall vor, dass Munger sich um die Finanzierung und die Steuern kümmern sollte; er würde dann den Rest machen. Munger investierte einmalig 1.000 Dollar in die deutlich unter Wert gehandelten Lizenzen und »über viele, viele Jahre kassierten die Mungers 100.000 Dollar pro Jahr«[29]. Das einzige Problem an der Geschichte bestehe darin, so Munger, dass sie nur einmal passiert sei. Aber diese einmalige Chance hatte er genutzt!

Wheeler, Munger & Co. war eine Investitionsgesellschaft, die sich aus den Mitteln der Eigentümer aber auch aus Einlagen einflussreicher Kontaktpersonen der Gesellschafter finanzierte. Munger selbst steckte ca. 300.000 Dollar, die er mit seinen Immobiliengeschäften gemacht hatte, in die Partnerschaft. Und auch der Geschäftspartner aus Mungers erstem Immobiliengeschäft, Otis Booth, investierte in die Partnerschaft. »Ich wurde zum größten

Investor und es blieb auch so«,[30] so Booth später. Munger scheute jedoch auch nicht davor zurück, sehr lukrative und sichere Investitionsgeschäfte durch Kredite zu finanzieren. Die Investitionen gingen damals – in der Tradition von Benjamin Graham – in Zigarrenstummel-Unternehmen, also Firmen, die ihren Zenit schon lange überschritten hatten, aber noch einen letzten Zug aus dem verbliebenen Stummel ermöglichten (= der Kaufpreis lag unter dem Substanzwert des Unternehmens).

Darüber hinaus betrieb Wheeler, Munger & Co. Arbitrage-Geschäfte und kaufte kleinere Unternehmen komplett auf. Ein Beispiel für Arbitrage-Geschäfte war der Kauf von Anteilen der British Columbia Power (kurzer Exkurs: Arbitrage-Geschäfte sind an der Börse dann möglich, wenn es für eine Aktie an unterschiedlichen Märkten Preisunterschiede gibt). Für die Aktien dieses Unternehmens, die damals zu einem Kurs von 19 Dollar gehandelt wurden, bot die kanadische Regierung knapp 22 Dollar. Weil er das Geschäft als risikolos einschätzte, steckte Munger alles Geld, das ihm zur Verfügung stand, in British Columbia Power (BCP). Zusätzlich nahm er noch einen Kredit von drei Millionen Dollar auf, für die er weitere BCP-Aktien erwarb. Ein großartiges Geschäft, wie sich später herausstellen sollte.[31]

Munger pflegte während der 60er-Jahre den Kontakt zu Warren Buffett durch regelmäßige Telefonate. Und auch wenn sie offiziell keine Partner waren, wuchs die Zusammenarbeit der beiden großen Value-Investoren langsam aber stetig. So beteiligte Munger Warren Buffett an seinem Geschäft mit British Columbia Power.[32] Darüber hinaus gaben sich die beiden Investoren gegenseitig Tipps. So empfahl Buffett Munger seinen ehemaligen Kollegen Ed Anderson als Mitarbeiter in der neu gegründeten Wheeler, Munger & Co.; Munger wiederum machte Buffett auf den Turnaround-Spezialisten Harry Bottle aufmerksam, als Buffetts Investment in Dempster Mill Manufactoring, einem Windmühlenbauer in Beatrice/Nebraska, aus dem Ruder zu laufen drohte. Bottle packte das Problem zügig an und löste es ganz im Sinne von Warren Buffett. Dieser schrieb später in seinem Brief an die Partner seiner Gesellschaft: »Bottle ist fraglos der Mann des Jahres [...]. Er vollbringt eine Leistung nach der anderen, die als unmöglich gegolten hatte.«[33] Wenn es rechtliche Probleme gab, griff Buffett wiederholt auf die Beratung und Unterstützung durch die Kanzlei Munger, Tolles, Hills & Wood zurück.

Anfang 1966 gründete Munger zusammen mit Buffett und David »Sandy« Gottesmann die Diversified Retailing Company Inc. (DRC), eine Holdinggesellschaft, mit der sie mehrere Einzelhandelsunternehmen aufkauften. Buffett erwarb 80 Prozent an DRC, den Rest teilten sich Munger und Gottesmann jeweils zu gleichen Teilen. Den ersten Kauf – das Kaufhaus Hochschild-Kohn in Baltimore – finanzierte die Diversified Retailing Company Inc. zum Teil über einen Kredit. Das war ungewöhnlich für Buffett, aber Munger hatte mit solchen kreditfinanzierten Geschäften schon bei seinem Arbitragegeschäft mit British Columbia Power gute Erfahrungen gemacht. Wenig später kaufte DRC mit Associated Cotton Shop eine weitere Kaufhauskette, die mit Damenbekleidung handelte.[34] Aber die Geschäfte bei Hochschild-Kohn liefen mehr schlecht als recht; und Munger war froh, als sie die Einzelhandelskette zum gleichen Preis verkaufen konnten, den sie für das Unternehmen bezahlt hatten.

»Hochschild-Kohn zu kaufen, war wie die Geschichte eines Mannes, der sich eine Yacht kauft«, so Munger. »Die beiden Tage, an denen er glücklich ist, sind der Tag, an dem er sie kauft, und der, an dem er sie verkauft.«[35]

Aber auch bei den Investitionen, die Munger und Buffett unabhängig voneinander tätigten, gab es große Parallelen. Beide kauften gegen Ende der 60er-Jahre große Anteile des Rabattmarken-Unternehmens Blue Chip Stamps aus Pasadena/Kalifornien. Blue Chip war für Investoren wie Munger und Buffett von besonderem Interesse, weil es aufgrund seines Geschäftsmodells – ähnlich wie Versicherungsgesellschaften und Banken – laufend über freie liquide Mittel (sog. Floats) verfügte. Die freien Mittel entstanden dadurch, dass zwischen der Ausgabe der Rabattmarken und der Einlösung der mit diesen Marken vollgeklebten Sammelheftchen in der Regel viele Monate oder gar Jahre vergingen. Die bei der Ausgabe von Rabattmarken erzielten Einnahmen standen Blue Chip folglich für längere Zeiträume zur freien Verfügung.

Als Munger und Buffett bei Blue Chip Stamps Anfang der 70er-Jahre die Kontrollmehrheit erreicht hatten, nutzten sie das Unternehmen als Investment-Vehikel. So kauften Munger und Buffett 1972 über Blue Chip Stamps See's Candy Shops aus Los Angeles. Der Kauf von See's Candy war – gemessen an den engen Regeln der Value-Theorie – nicht sehr lukrativ, denn See's war an der Börse mit dem Dreifachen seines Buchwertes bewertet. Aber unter Berücksichtigung der qualitativen Werte, die See's besaß (bekannte Marke, guter Ruf und eine fast unbegrenzte Preissetzungsmacht), hatte dieser Kauf – insbesondere aus Sicht von Munger – durchaus Perspektiven. Munger konnte Buffett schließlich überzeugen, dass See's eine Investition wert sei und kommentierte dies wie folgt: »Das war das erste Mal, dass wir einen Preis für Qualität zahlten.«[36]

Exkurs: Charlie Munger – Partylöwe, Wissenschaftsfreund und Mäzen

Über die Person Charlie Munger ist viel geschrieben worden. So beschreibt ihn Roger Lowenstein mit folgenden Sätzen: »Charlie ist sehr lustig und sehr aufgeblasen. [...] Im Gegensatz zu seinem Partner in Omaha lebt er auf großem Fuß, angelte er in Flüssen verschiedener Kontinente Forellen, Damenfische und Atlantische Lachse. Er hielt im California Club Hof und er war ein Partylöwe vor allem, wenn er ein Glas Wein getrunken hatte.«[37]

Roger Hagstrom beschreibt Munger als Freund der Wissenschaften (Eklektiker): »Munger interessiert sich leidenschaftlich für viele Wissensgebiete – Naturwissenschaften, Geschichte, Philosophie, Psychologie, Mathematik – und ist überzeugt, dass jedes dieser Gebiete wichtige Konzepte bereithält, die nachdenkliche Menschen auf alle ihre Unternehmungen anwenden können und sollten, auch auf Anlageentscheidungen.«[38]

Charlie Munger ist auch als großzügiger Mäzen bekannt, wie Janet Lowe berichtet: »Munger hat einige seiner Berkshire-Anteile – jeweils ein paar hundert Aktien – an das Good Samaritan Hospitel, Planned Parenthood, die Stanfort University Law School und die Harvard-Westlake School gespendet.«[39] Zur Einordnung: Eine einzige A-Aktie von Berkshire Hathaway kostet heute (Stand März 2018) über 250.000 €.

Auch seinen nächsten großen Deal wickelte Munger in Kooperation mit Buffett über Blue Chip (BC) ab. 1972 kaufte BC acht Prozent der Aktien von Wesco Financial, einer Investment-Holding in Pasadena, der eine Bausparkasse gehörte. Das Unternehmen war ein Schnäppchen, denn Wesco-Aktien wurden zu weniger als der Hälfte des Buchwerts je Aktie gehandelt. Im Januar kündigte Wesco allerdings an, mit einer anderen Sparkasse – der Financial Corporation of Santa Barbara – fusionieren zu wollen. Buffett und Munger waren von den Fusionsbedingungen enttäuscht und nahmen Kontakt mit der Führungsspitze von Wesco auf. Nach langen Verhandlungen konnte Buffett die Direktorin und Tochter des Unternehmensgründers, Elizabeth Peters, davon überzeugen, die geplante Fusion abzublasen. Nach der geplatzten Fusion fiel der Kurs der Wesco-Aktie deutlich. Blue Chip bot den Aktionären jedoch an, für ihre Anteile den Preis zu zahlen, der vor der Fusionsabsage galt. So konnte Blue Chip bis Mitte 1974 die Aktienmehrheit an Wesco erwerben.

Allerdings handelten sich Buffett und Munger aufgrund des Wesco-Deals eine Untersuchung der US-Börsenaufsicht SEC ein. Die SEC ging dem Verdacht nach, dass Blue Chip die Fusion platzen ließ, um Wesco selbst zu übernehmen. Zwei Jahre nach Beginn der Ermittlungen legte die SEC den Fall bei. Blue Chip kam mit einer Verwarnung und einer Schadensersatzzahlung in Höhe von 115.000 Dollar davon.

Gegen Ende des Jahres 1972 kaufte Munger zusammen mit Rick Guerin – einem Investor, der auch Anteile an Blue Chip Stamps besaß – den angeschlagenen Fund of Letters, einen geschlossenen Risikokapital-Fonds. Kurz nach dem Kauf krempelten Munger und Guerin den Fonds um. Sie änderten den Namen in New American Fund (NAF), besetzten die Führungsspitze neu und richteten die Investmentstrategie neu aus. Ein Teil des Fondsbestands wurde verkauft, und neue Aktien wurden nach Value-Kriterien erworben. Neu in das Fonds-Portfolio aufgenommen wurden zum Beispiel Anteile am Medienkonzern Capital Cities Communications und der juristische Fachverlag Daily Journal Corporation aus Los Angeles.[40]

In seinem Artikel »Aktionärshimmel beim New American Fund« beschrieb David Santry die Erfolgsgeschichte des New American Fund wie folgt: »New American meidet die gängige Praxis, hohe Honorare an externe Investmentberater zu zahlen. Stattdessen wird die Arbeit unter Aufsicht von Rick Guerin intern ausgeführt. Darüber hinaus […] betrug das Gesamteinkommen der Führungsriege nur 54.950 Dollar. […] In den letzten Jahren waren die Zahlen hervorragend: Der Buchwert je Aktie stieg von 9,28 Dollar im Oktober 1974 auf 29,28 Dollar am 30. September 1979.«[41] Munger und Guerin managten den New American Fund noch bis zur Auflösung im Jahre 1986.

Exkurs: John Patrick (Rick) Guerin

Rick Guerin studierte an der University of California Mathematik und begann danach eine Karriere als Verkäufer bei IBM. Er wechselte an die Börse und war dort als Aktienmakler tätig. Nachdem er Munger kennengelernt hatte, fing er an, die Investments von Munger und Buffett nachzuahmen, und gründete seine eigene Investmentgesellschaft, die Pacific Partners Ltd. Mit dieser Gesellschaft erzielte er zwischen 1965 und 1983 eine jährliche Rendite von 32,9 Prozent bei allerdings hoher Volatilität (Schwankungsstärke).

~

Ende der 70er-Jahre landeten Munger und Buffett noch einen weiteren spektakulären Deal: Sie kauften über Blue Chip die Buffalo Evening Post (BEP) für 35,5 Mio. Dollar. Doch als dieser Zeitungsverlag eine kostenlose Sonntagsausgabe startete, klagte das lokale Konkurrenzblatt – der Courier Express – gegen ihn. Der Courier-Express warf der Buffalo Evening Post vor, ein illegales Monopol errichten zu wollen. Nach einem langwierigen Prozess und einem Streik von Teilen der Mitarbeiter fuhr die BEP hohe Verluste ein. Aber auch der Courier-Express schrieb während dieser Zeit hohe Verluste und stellte 1982 sein Erscheinen ein. Das Durchhaltevermögen rechnete sich schließlich für Munger und Buffett: In den fünf Folgejahren erzielte die Buffalo Evening Post satte Gewinne von insgesamt mehr als 150 Millionen Dollar.[42]

Ein weiterer Kauf, den Munger und Buffett über Blue Chip abschlossen, war der Kauf eines 20-Prozent-Anteils an Source Capital. Source Capital war ein Fonds, der vom berühmt-berüchtigten Gogo-Manager Fred Carr 1968 gegründet worden war. Nachdem Carr dem heruntergewirtschafteten Fonds den Rücken gekehrt hatte, lag der Buchwert je Anteil bei 18 Dollar. Gehandelt wurden die Anteile jedoch zu 9 Dollar. Ein gefundenes Fressen für Value-Investoren wie Munger und Buffett. Als Blue Chip

Jahre später die Source-Capital-Anteile verkaufte, hatte sich deren Wert verdoppelt.[43]

In den ersten neun Jahren (1962 – 1969) erzielte die Partnergesellschaft Wheeler Munger & Co. eine jährliche Rendite von 37,1 Prozent und schlug damit den Dow Jones um Längen. Zwischen 1970 und 1972 lag die Rendite mit 13,9 Prozent nur noch knapp über dem Dow. In den folgenden Krisenjahren erzielte WMP Verluste, die weit über denen des Dow Jones (DJ) lagen. 1973 lag die Rendite bei -31,9 Prozent (DJ -13,1) und 1974 bei -31,5 Prozent (DJ -23,1). »Es war eine harte Zeit – 1973 bis 1974 war ein sehr unangenehmer Zeitraum«,[44] so Charlie Munger später.

Auch wenn die WMP-Performance sich im Jahr 1975 deutlich erholen sollte – die jährliche Rendite stieg auf ein Rekordniveau von 73,2 Prozent (DJ 44,4) –, beschlossen Munger und Marshall Anfang 1976, ihre Partnerschaft aufzulösen. Nach der Liquidation erhielten die WMP-Investoren die auf sie entfallenden Anteile an Diversified Retailing und Blue Chip Stamps. Als diese beiden Unternehmen 1978 und 1983 in Berkshire Hathaway einverleibt wurden, konnten die ehemaligen WMP-Investoren ihre Anteile in Berkshire-Aktien oder in Anteile am New American Fund eintauschen.

»Als sich der Staub gelegt hatte, hatte meine Familie ungefähr 3 Millionen Dollar aus der Wheeler-Munger-Partnerschaft und weitere 2 Millionen aus den Immobiliengeschäften usw. verdient«, so Munger. »Das war damals viel Geld und es waren gute Zeiten, um so viel Geld zu haben. Ich hatte wunderbare Wertpapiere und es gab preiswerte Wertpapiere zu kaufen.«[45]

Im privaten Bereich erlebte Charlie Munger allerdings während dieser Zeit einige Tiefschläge. Im Juli 1974 verstarb seine Mutter Florence »Toody« Munger. Parallel dazu bekam Charlie gesundheitliche Probleme. Er war am grauen Star erkrankt, und bevor er Gefahr lief, vollständig zu erblinden, ließ er sich 1978 an den Augen operieren. Bei der Operation an seinem linken Auge traten jedoch Komplikationen auf, die mit extremen Schmerzen verbunden waren. Munger ließ das Auge daraufhin entfernen und durch ein Glasauge ersetzen. Bei der anschließenden OP an seinem rechten Auge verzichtete er bewusst darauf, die Augenlinse ersetzen zu lassen. Stattdessen trägt er seit diesem Zeitpunkt eine Kataraktbrille mit sehr dicken Gläsern. Später kommentierte Munger sein neues optisches Hilfsmittel mit einem gewissen Schuss Selbstironie: »Man sieht heutzutage kaum noch Kataraktbrillen. Vielleicht habe ich die letzte auf der ganzen Welt.«[46]

VIZE-VORSITZENDER VON BERKSHIRE HATHAWAY, VORSITZENDER VON WESCO UND ANDEREM (1978 – HEUTE)

BERKSHIRE HATHAWAY (1978 – HEUTE)

»Ich wusste, dass es [bei Berkshire Hathaway] gut laufen würde, aber nicht so gut.«[47]

Als Konsequenz aus dem nervenaufreibenden Wesco-Prozess und den damit verbundenen Untersuchungen der US-Börsenaufsicht SEC strukturierte Warren Buffett sein komplex gewordenes Firmengeflecht um. 1978 fusionierte er Diversified Retailing mit Berkshire Hathaway. Charlie bekam für seine Anteile an Diversified Retailing zwei Prozent der Berkshire-Aktien und war nun auch offiziell der Partner von Warren Buffett. Er wurde zum Vice-Chairman (Vizevorsitzenden) von Berkshire Hathaway ernannt.

Munger blieb aber auch weiterhin im sonnenverwöhnten Pasadena und war bei Berkshire eher im Hintergrund aktiv. »Der Einfluss, den Munger auf Buffetts Denkweise hatte, war stets weitaus größer gewesen als sein finanzieller Einfluss. Der wichtigste Unterschied in ihrem Geschäftsverhalten war, dass Munger gelegentlich sein Veto gegen Verträge einlegte, die der leichter zu begeisternde Buffett wohl unterschrieben hätte«, so die Buffett-Biografin Alice Schroeder.[48]

Exkurs: Berkshire Hathaway – eine Erfolgsgeschichte

Nachdem Munger im Jahre 1978 zum Vice-Chairman von Berkshire Hathaway ernannt worden war, legte das Unternehmen eine grandiose Performance hin. In 29 von 39 Jahren schlug Berkshire den Vergleichsindex Standard & Poor's 500 zum Teil deutlich.

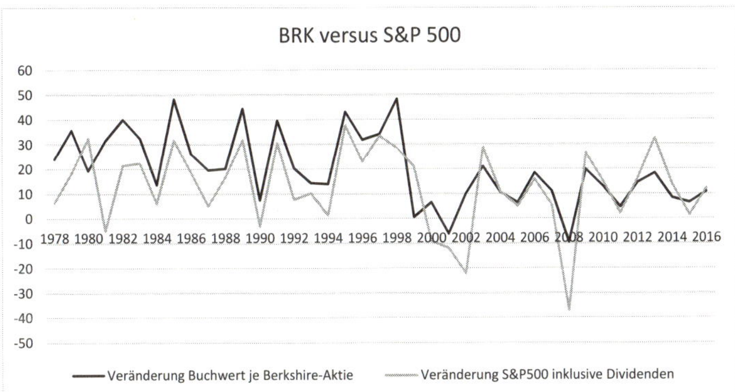

Möglich war dies durch ein Investment in solide Value-Werte. So kaufte Berkshire Hathaway in den vergangenen vier Jahrzehnten – und auch schon vorher – große Anteile beziehungsweise Aktienpakete an namhaften Firmen wie zum Beispiel:

- den Bankhäusern Salomon Brothers, Goldman Sachs und Wells Fargo,
- den Medienkonzernen Washington Post und Capital Cities/ABC,
- den Getränkekonzernen Coca-Cola und Guinness,
- dem Lebensmittelkonzern H. J. Heinz,
- den Rückversicherern General Re und Münchner Rück,
- den Energieversorgern PetroChina und ConocoPhillips und
- an weiteren namhaften Unternehmen wie Gillette, General Electric, Wrigley, John Deere und Apple.

Einige dieser Positionen hält Berkshire Hathaway noch heute (Stand März 2018), andere wurden schon wieder abgestoßen.

Darüber hinaus kauften Munger und Buffett über Berkshire Hathaway mehr als 70 Unternehmen komplett auf. Hierzu zählen etwa die Zeitung Buffalo Evening Post, der Möbelhandel Nebraska Furniture Mart, der Juwelier Borsheims, der Mischkonzern Scott & Fetzer Company, die Schnellrestaurant-Kette Dairy Queen, das Textilunternehmen Froot of the Loom, die Immobilienvermittlung HomeServices of America, der Mobile-Homes-Produzent Clayton Homes, die Eisenbahngesellschaft Burlington Northern Santa Fe, der Energiekonzern MidAmerican Energy, den Batterieproduzenten Duracel sowie die Versicherungsgesellschaft Government Employees Insurance Company (GEICO).

Weitere Details zu den Investitionen und der Erfolgsbilanz von Berkshire Hathaway finden Sie in unserem Buch »Alles, was Sie über Warren Buffett wissen müssen«.

WESCO FINANCIAL CORPORATION (ENDE DER 70ER-JAHRE – 2011)

»Berkshire ist die große Leinwand auf der Buffett – mit der Hilfe von Munger – sein Meisterwerk gemalt hat. Wesco ist ein kleineres Werk auf dem Munger – mit der Hilfe von Buffett – seinen eigenen Farbaufdruck hinterlassen hat.«[49]

Ende der 70er-Jahre hatte Blue Chip einen Anteil von 80,1 Prozent an der Finanzholding Wesco Financial Corporation erreicht. Munger wurde zunächst als Director in den Vorstand der Wesco bestellt und 1984 zum Präsidenten und Vorsitzenden (Chairman) ernannt. Er baute die Wesco in den Folgejahren zu seinem Investmentvehikel aus – ähnlich wie Buffett das Textilunternehmen Berkshire Hathaway.

Bereits im Februar 1979 kaufte Wesco für ca. 15 Mio. Dollar die Precision Steel Warehouse Incorporation, einen Großhandel von Stahlwaren, der im Umland von Chicago (Franklin Park) ansässig ist.[50] Mitte der 80er-Jahre wurde Wesco durch die Gründung des Rückversicherers Wesco-Financial Insurance Company mit Sitz in Omaha auch im Versicherungswesen tätig. Dieser Geschäftsbereich wurde im Juli 1996 durch den Kauf der Kansas Bankers Surety Company, einer Versicherung für Banken, weiter ausgebaut. Für den Kauf dieser Versicherungsgesellschaft, die ihren Sitz in Topeka/Kansas hat, zahlte die Wesco-Financial Insurance Company ca. 80 Mio. Dollar in bar.[51]

Durch die Integration der Versicherungsunternehmen flossen Wesco laufend freie Mittel – sogenannte Floats – zu, die von Munger für weitere Investitionen genutzt wurden. Die Konzentration auf Versicherungen zeigt große Ähnlichkeiten zur Vorgehensweise von Berkshire Hathaway. Schon früh hatte Buffett das Potenzial der Floats erkannt und Versicherungsunternehmen, Banken und das Rabattmarkenunternehmen Blue Chip Stamps gekauft – allesamt Unternehmen, die solche freien Mittel produzieren.

Im Jahre 1993 wurde das ursprüngliche Kerngeschäft der Wesco Holding, die Bausparkasse Mutual Savings and Loan Association of Pasadena, aufgegeben. Zuvor waren das Kreditportfolio (92 Mio. USD), die Einlagen in Höhe von 230 Mio. USD sowie die zwei Geschäftsstellen von Mutual Savings an die CenFed Financial Corporation in Pasadena verkauft worden.[52] Diesen Wechsel vom komplizierten und seinerzeit politisch unsicheren Bauspargeschäft hin zum Versicherungswesen kommentierte Munger wie folgt: »Warum sollten wir nicht mehr davon machen, was gut für uns läuft [wie das Versicherungswesen] und was nicht so kompliziert ist [wie das Bauspargeschäft]?«[53]

Ein kleiner Bestandteil der Mutual Savings and Loan Association, die Immobiliengesellschaft MS Property Company, blieb aber auch weiterhin im Besitz der Wesco. Die MS Property managte Bürogebäude in Pasadena sowie ein kleines Shopping-Center in Upland/Kalifornien. Unter der Regie von MS Property entwickelte Munger eine größere Wohnanlage, die Montecito Sea Meadow in Santa Barbara. Dieses Projekt, das von Buffett scherzhaft auch als Mungerville bezeichnet wurde, floppte. Erst nach langen Verhandlungen mit den Bauämtern konnte mit den Bauarbeiten begonnen werden. Die Wohneinheiten verkauften sich nach deren Fertigstellung nur schleppend, und viele Käufer kamen aus dem Bekanntenkreis von Charlie Munger. Mungers Freund und früherer Partner Otis Booth sagte nach dem Kauf eines Hauses in Mungerville: »Ich habe es gekauft, weil mich Charlie unter Druck gesetzt hat. Ich brauchte kein weiteres Haus mehr.«[54]

Im Februar 2000 kaufte Wesco Cort Business Services für 386 Mio. USD in bar.[55] Cort ist ein Unternehmen, das im Bereich Möbelvermietung und -leasing tätig ist. Die Firmenzentrale ist heute in Chantilly, Virginia.

Neben dem Erwerb von ganzen Unternehmen hat Wesco auch in Aktien von soliden Value-Werten investiert. Zur Finanzierung wurde auf die Finanzreserven/Floats sowie die Gewinne der Unternehmen zurückgegriffen, die sich im Portfolio befanden. So wies die Wesco-Bilanz für das Jahr 1999 Beteiligungen in Höhe von 2,8 Mrd. USD Dollar aus. Davon entfielen alleine 1,9 Mrd USD auf die Hypothekenbank Freddie Mac. Und auch in Coca-Cola sowie Gilette hatte Wesco zu diesem Zeitpunkt in Summe 800 Mio. USD angelegt. Darüber hinaus besaß Wesco Vorzugsaktien von Travelers, USAir und kleinere Anteile an American Express sowie Wells Fargo.[56]

Aber nicht nur, was die Anlagestrategie (Finanzierung durch Floats, Auswahl der Aktien) angeht, ist eine gewisse Ähnlichkeit zwischen Wesco und Berkshire Hathaway nicht zu leugnen. Darüber hinaus schrieb Munger in seiner Zeit als Wesco-Chariman Briefe an seine Aktionäre, in denen er – ähnlich wie

Buffett bei Berkshire – die wirtschaftliche Entwicklung der Wesco erläuterte. Und auch auf der jährlich stattfindenden Aktionärsversammlung war eine Fragestunde für Aktionäre und Pressevertreter anberaumt. »Was wir da bei Berkshire und Wesco geschaffen haben, hat sich im gewissen Rahmen zu einem Kult entwickelt. Und man kann sagen, es ist ein schöner Kult und man mag die Leute, die dabei mitmachen – und wir [Buffett und Munger] tun das auch.«[57] Angesprochen auf die Ähnlichkeit zwischen Berkshire und Wesco reagiert Munger jedoch empfindlich: »Wesco ist keine gleich gute, aber kleinere Version von Berkshire Hathaway, und nur besser, weil die kleinere Größe Wachstum leichter macht.«[58]

Im Jahre 2011 endete die Geschichte der Wesco: Berkshire Hathaway kaufte die restlichen knapp 20 Prozent der Wesco-Aktien, die sich noch im Streubesitz befanden, und löste die Holding auf. In den Jahren, in denen Munger Chairman der Wesco war, schlug die Gewinnentwicklung der Wesco-Holding den Vergleichsindex S&P 500 deutlich, blieb aber hinter den sehr guten Werten von Berkshire Hathaway zurück.[59]

WEITERE INVESTMENTS UND AKTIVITÄTEN

Neben seiner Tätigkeit als Vice-Chairman bei Berkshire Hathaway war bzw. ist Munger auch noch in der Leitung weiterer Unternehmen aktiv. Er besitzt große Aktienpakete der Daily Journal Corporation, einem juristischen Fachverlag in Los Angeles sowie Anteile an der Großhandelskette Costco Wholesale

Corporation mit Hauptsitz in Issaquah bei Seattle im Bundesstaat Washington.

Als Chairman des Daily Journal begann Charlie Munger im Jahr 2009 damit, Aktien von Unternehmen zu kaufen, die durch die Finanzkrise besonders betroffen waren. Darunter waren die drei US-Banken U. S. Bancorp, Bank of America Corporation und Wells Fargo & Co. Darüber hinaus erwarb er ein größeres Aktienpaket des führenden südkoreanischen Stahlproduzenten POSCO. Wie so oft, zeigte Munger auch hier seine gute Börsenspürnase und »blies neues Leben in den Fachverlag«.[60]

Aus den Anfang 2009 investierten 20 Mio. Dollar wurden bis zum Jahresende 160 Mio. Dollar. Ende 2015 machten Aktien 55 Prozent der Aktiva des juristischen Fachverlags aus. Insbesondere die Bankaktien haben ihren Wert nach nur sieben Jahren vervielfacht (Wells Fargo +570 Prozent, Bank of America Corporation +431 Prozent, U. S. Bancorp +374 Prozent). Lediglich POSCO verzeichnete im Zeitraum 2009 bis 2015 Verluste in Höhe von 31 Prozent.[61]

Zum Abschluss: Mungers markige Sprüche

Charlie Munger ist für seine teilweise deftigen Sprüche bekannt. Hier eine Auswahl von dem Mann, der von sich behauptet: »Ich habe einen schwarzen Gürtel in Unverfrorenheit. Ich wurde damit geboren.«[62]

»Wenn man es nicht schafft, die Grundzüge der Wahrscheinlichkeitsrechnung ins eigene Repertoire aufzunehmen, hat man ein langes Leben als Einbeiniger bei einem Wettbewerb im Arschtreten vor sich.«[63]

»Wenn man Rosinen unter Kackhaufen mischt, bleiben es immer noch Kackhaufen.«[64]

»Kapitalismus ist eine ziemlich brutale Angelegenheit.«[65]

»Ich lasse mir keine Prognosen erstellen, denn ich mag mich nicht so gerne auf meinen Schreibtisch übergeben.«[66]

»Kämpfe nie mit einem Schwein, denn ihr werdet beide dreckig dabei, aber das Schwein wird selbst das genießen.«[67]

»Vielleicht wird man sich an mich als Klugscheißer erinnern.«[68]

DIE ERFOLGSBILANZ VON WARREN BUFFETT UND CHARLIE MUNGER AM BEISPIEL DER BETEILIGUNGSGESELLSCHAFT BERKSHIRE HATHAWAY IN ZAHLEN

Keine Frage: Warren Buffett ist der »Macher« von Berkshire Hathaway. Aber Charlie Munger hat erst als Rat- und Ideengeber, später als Geschäftspartner ebenfalls seine Spuren bei Berkshire Hathaway hinterlassen. Es ist müßig darüber zu spekulieren, welchen exakten Anteil am Erfolg Buffett und Munger jeweils hatten. Buffett war immer eher der »Schnäppchenjäger«, Munger ist dagegen bereit, für Top-Qualität einen höheren Preis zu zahlen. Als Investoren-Team haben Buffett und Munger das Value Investing auf eine neue Ebene gehoben. Daher kann sich auch Munger an den Erfolgen von Berkshire Hathaway messen lassen.

Die nachprüfbare Erfolgsbilanz der börsennotierten Beteiligungsgesellschaft Berkshire Hathaway ist in dieser Form einmalig. Über einen extrem langen Zeitraum von über 50 Jahren hat zunächst Buffett, dann das Duo Buffett/Munger mit der Beteiligungsgesellschaft Berkshire Hathaway den amerikanischen Aktien-Leitindex S&P 500 um fast 100 Prozent geschlagen (+19,1 Prozent pro Jahr Berkshire versus +9,9 Prozent pro Jahr S&P 500).

Lassen Sie die folgenden Zahlen in der Mehrjahresübersicht seit dem Berkshire-Start auf sich wirken: Verglichen wird dabei der Buchwert je Aktie mit der Kursentwicklung des wichtigen US-Aktienindex S&P 500. Buffett bevorzugt den Buchwert als entscheidende Größe, da ein stichtagsbezogener Aktienkurs ein Zufallstreffer sein kann, während der Buchwert den »echten« Substanzwert angibt. Hier der Vergleich 1965 bis 2017:

Jahr	Veränderung Buchwert je Berkshire-Aktie	Veränderung S&P500 inklusive Dividenden	Relativer Vergleich
1965	+23,8	+10,0	+13,8
1966	+20,3	-11,7	+32,0
1967	+11,0	+30,9	-19,9
1968	+19,0	+11,0	+8,0
1969	+16,2	-8,4	+24,6
1970	+12,0	+3,9	+8,1
1971	+16,4	+14,6	+1,8
1972	+21,7	+18,9	+2,8
1973	+4,7	-14,8	+19,5
1974	+5,5	-26,4	+31,9
1975	+21,9	+37,2	-15,3
1976	+59,3	+23,6	+35,7
1977	+31,9	-7,4	+39,3
1978	+24,0	+6,4	+17,6
1979	+35,7	+18,2	+17,5
1980	+19,3	+32,3	-13,0
1981	+31,4	-5,0	+36,4
1982	+40,0	+21,4	+18,6
1983	+32,3	+22,4	+9,9
1984	+13,6	+6,1	+7,5
1985	+48,2	+31,6	+16,6
1986	+26,1	+18,6	+7,5

1987	+19,5	+5,1	+14,4
1988	+20,1	+16,6	+3,5
1989	+44,4	+31,7	+12,7
1990	+7,4	-3,1	+10,5
1991	+39,6	+30,5	+9,1
1992	+20,3	+7,6	+12,7
1993	+14,3	+10,1	+4,2
1994	+13,9	+1,3	+12,6
1995	+43,1	+37,6	+5,5
1996	+31,8	+23,0	+8,8
1997	+34,1	+33,4	+0,7
1998	+48,3	+28,6	+19,7
1999	+0,5	+21,0	-20,5
2000	+6,5	-9,1	+15,6
2001	-6,2	-11,9	+5,7
2002	+10,0	-22,1	+32,1
2003	+21,0	+28,7	-7,7
2004	+10,5	+10,9	-0,4
2005	+6,4	+4,9	+1,5
2006	+18,4	+15,8	+2,6
2007	+11,0	+5,5	+5,5
2008	-9,6	-37,0	+27,4
2009	+19,8	+26,5	-6,7
2010	+13,0	+15,1	-2,1
2011	+4,6	+2,1	+2,5
2012	+14,4	+16,0	-1,6
2013	+18,2	+32,4	-14,2
2014	+8,3	+13,7	-5,4
2015	+6,4	+1,4	+5,0
2016	+10,7	+12,0	-1,3
2017	+23,0	+21,8	+1,2
Durchschnittliche Veränderung pro Jahr	+19,1%	+9,9%	**+9,2**

Das beeindruckende Ergebnis: In 41 von 53 Jahren hat Berkshire den Vergleichsindex geschlagen. Das haben Buffett und Munger insbesondere dadurch geschafft, dass sie Verluste vermeiden konnten. Dazu passt eine einfache Empfehlung von Warren Buffett: »Regel Nummer 1 lautet: Verliere niemals Geld! Regel Nummer 2 lautet: Vergiss niemals Regel Nummer 1!« Buffett hat seine Empfehlung auch bei Berkshire Hathaway beherzigt. Nur in zwei Jahren (2001 und 2008) sank der Buchwert pro Aktie von Berkshire Hathaway. Und das waren jeweils Crash-Phasen, in denen der allgemeine Aktienmarkt wesentlich mehr verlor.

Insgesamt stieg der Buchwert je Aktie um durchschnittlich 19 Prozent pro Jahr – und das über einen unglaublich langen Beobachtungszeitraum von 53 Jahren. Der S&P 500 schaffte in dieser Phase »nur« ein durchschnittliches Jahresplus von 9,9 Prozent.

Diese Performance-Zahlen zeigen Ihnen: Ein solch großer Rendite-Vorsprung über einen so langen Zeitraum kann kein Zufall sein. Die Value-Strategie im Sinne von Warren Buffett und Charlie Munger schlägt auf Dauer den Markt. Und das bei überschaubaren Risiken.

DIE INVESTMENT-STRATEGIE VON CHARLIE MUNGER

»Menschen unterschätzen die Bedeutung einiger einfacher, großer Ideen. Und ich glaube, dass Berkshire Hathaway in gewissen Grenzen ein Unternehmen ist, welches die richtigen Ansätze vermitteln kann. Der Hauptlehrsatz besteht darin, dass ein paar großartige Ideen wirklich funktionieren. Aus meiner Sicht haben unsere Filter ziemlich gut funktioniert – gerade weil sie so einfach sind.«[69]

Auch Charlie Munger hat es mit seinen Investments schon vor Jahren in den Club der Milliardäre geschafft. Besondere Bekanntheit erwarb er sich als kongenialer Geschäftspartner von Warren Buffett, dem Chairman von Berkshire Hathaway.

Seit Ende der 70er-Jahre ist Munger Vice-Chairman bei Berkshire und hat dort die erfolgreiche Geschäftsstrategie maßgeblich mitbestimmt. In den Zeiten, als mit dem von Buffett favorisierten Zigarrenstummel-Ansatz kein großes Geld mehr zu machen war, überzeugte er Buffett davon, dass neben den quantitativen Value-Kriterien auch qualitative Bewertungskriterien, wie zum Beispiel Marken, beim Kauf von Aktien oder ganzen Unternehmen wichtig sind. Diese Erweiterung des Bewertungshorizonts hat maßgeblich zu den Erfolgen von Berkshire Hathaway beigetragen.

Auf die Frage einer CNBC-Reporterin, wie häufig Munger und Buffett miteinander telefonieren, antwortete Munger: »Viel weniger als früher, weil wir wissen, was der andere denkt. Wir verschwenden keine Zeit um herauszufinden, was wir sowieso wissen.« Und Buffett setzte da noch einen drauf: »Wir sind wie ein altes Ehepaar. Wir grunzen uns an und wissen, was das Grunzen bedeutet. Früher, als das Telefonieren noch ziemlich teuer und wir noch nicht reich waren, haben wir oft stundenlang miteinander telefoniert. Aber jetzt reden wir nur noch alle zwei Wochen oder so miteinander.«[70]

Aber trotz ihrer Vorliebe für die Value-Strategie sind Munger und Buffett Individuen. Ihre Strategien sind zwar ähnlich, aber nicht immer deckungsgleich. Es lohnt sich also, die Strategien der beiden großen Investoren von Berkshire Hathaway getrennt zu betrachten.

Praxistipp: Originalquellen von Charlie Munger im Internet (in englischer Sprache)

Charlie Munger hat als Chairman der Wesco Financial Corporation in den Jahren 1997 bis 2009 Briefe an Wesco-Aktionäre geschrieben. Das Archiv dieser »Munger-Briefe« finden Sie im Internet unter der Adresse: http://www.berkshirehathaway.com/wesco/WescoHome.html

Eine Vielzahl von Reden und Weisheiten von Charlie Munger finden Sie im Internet-Blog »Mungerisms« unter: http://mungerisms.blogspot.de/

Welche Strategien und Denkansätze hinter den Investments von Charlie Munger stehen, haben wir für Sie auf den folgenden Seiten zusammengefasst.

DIE FUNDAMENTALEN INVESTMENT-REGELN NACH GRAHAM – DIE VALUE-STRATEGIE

»[Graham] wollte ein System schaffen, das jeder nutzen kann.«[71]

Munger ist ein Value-Investor, das heißt, er folgt den von Graham und Dodd entwickelten Regeln der Value-Analyse, die wie folgt aussehen:

1. Behandeln Sie eine Aktie als Beteiligung an einem Unternehmen.
2. Kaufen Sie zu einem deutlichen Abschlag gegenüber dem inneren Wert, um eine Sicherheitsmarge zu schaffen.
3. Lassen Sie den manisch-depressiven Markt Ihren Diener sein, nicht Ihren Herrn.
4. Handeln Sie rational, objektiv und leidenschaftslos.[72]

AKTIEN ALS UNTERNEHMENSBETEILIGUNG VERSTEHEN

Value-Investoren wie Charlie Munger verstehen Aktien nicht als irgendein Wertpapier, sondern als Anteil an einem Unternehmen. Eine Aktie ist für sie kein reines Spekulationsobjekt, das sie zu einem möglichst günstigen Kurs kaufen und nach einem Kursanstieg sofort wieder veräußern. Munger beurteilt dieses – aus seiner Sicht falsche – Verhalten der Spekulanten wie folgt:

> »Es ist eine bedauerliche Tatsache, dass die Kurse von Aktien insgesamt von einem enormen und dummen Exzess beeinflusst werden können. Sie werden nur teilweise bewertet wie Anleihen, also auf der Grundlage von weitgehend rationalen Projektionen über die Generierung künftiger Zahlungsströme. Zu einem anderen Teil werden sie bewertet wie Rembrandt-Gemälde und hauptsächlich deshalb gekauft, weil ihr Preis bislang gestiegen ist.«[73]

KAUF ZUM INNEREN WERT PLUS SICHERHEITSMARGE

Munger ist der Auffassung, dass man mit Aktien einen – wenn auch meist kleinen – Anteil an einem Unternehmen erwirbt. Folglich ist aus seiner Sicht für Value-Anleger nicht der Kurs das wichtigste Entscheidungskriterium für einen Kauf, sondern das Unternehmen selbst. Value-Investoren bestimmen den inneren Wert eines Unternehmens und vergleichen ihn mit dem Marktwert. Oder wie Munger es ausdrückt: »Lassen Sie sich beim Kauf und Verkauf von Wertpapieren vom inneren Wert leiten, nicht von der Kursdynamik«.[74]

Die Väter des Value-Investing Graham und Dodd definieren den inneren Wert über die Ertragskraft des Unternehmens. Sie berechnen ihn, indem sie die durchschnittliche Rendite eines Unternehmens pro Aktie für die letzten zehn Jahre berechnen und diesen Durchschnittswert mit 10 multiplizieren. Liegt dieser innere Wert deutlich über den Marktwert pro Aktie, spricht dies für den Kauf dieser Aktie.[75]

Die Urväter des Value Investing sind sich aber durchaus bewusst, dass der innere Wert nur ein Näherungswert ist.[76] Dieser Meinung schließt sich Munger an, wie ein Zitat von Warren Buffett verdeutlicht: »Der innere Wert ist unglaublich wichtig, aber auch sehr schwammig. Hinzu kommt, und das gilt sogar für Charlie und mich: Selbst wenn zwei Menschen dieselben Fakten betrachten, werden sie fast garantiert zu zumindest leicht unterschiedlichen Ergebnissen für den inneren Wert kommen.«[77]

Value-Anleger berücksichtigen daher in ihren Berechnungen grundsätzlich eine hohe Sicherheitsmarge, sprich einen Zuschlag auf den inneren Wert. Ist der innere Wert eines Unternehmens erhöht um eine Sicherheitsmarge immer noch größer als der Marktwert des Unternehmens, spricht dies für den Aktienkauf.

Innerer Wert + Sicherheitsmarge > Marktwert

Wie wichtig die Berücksichtigung einer Sicherheitsmarge ist, macht Munger in folgender Aussage deutlich: »Allerdings ist das Ziel von Geldanlage (im Allgemeinen) nicht, zum fairen [inneren] Wert zu kaufen, sondern mit einer Sicherheitsmarge. Dies erklärt sich dadurch, dass jede Abschätzung des fairen Wertes nichts weiter als das ist – eine Abschätzung, keine exakte Zahl. Also bietet die Sicherheitsmarge ein dringend benötigtes Polster gegen Fehler und Pech. Wenn Anleger [dieses Prinzip] verletzen, indem sie ohne Sicherheitsmarge investieren, nehmen sie das Risiko einer dauerhaften Verringerung ihres Kapitals in Kauf.«[78]

NICHT VOM MANISCH-DEPRESSIVEN MR. MARKET ANSTECKEN LASSEN

Ben Graham hatte eine eigene Vorstellung von »Mr. Market«. Statt den Markt für effizient zu halten, behandelte er ihn wie einen manisch-depressiven Patienten, der jeden Tag vorbeischaut. An manchen Tagen sagt er: »Ich verkaufe dir ein paar meiner Beteiligungen für viel weniger, als sie in deinen Augen wert sind.« Und manchmal kommt er und sagt: »Ich kaufe deine Beteiligung für viel mehr, als sie in deinen Augen wert ist.«[79]

Richten Sie sich also beim Aktienkauf nicht an den stark schwankenden Kursen des manisch-depressiven Mr. Market, sondern am inneren Wert des Unternehmens. Oder wie Munger es ausdrückt: »Unsere übliche Praxis seit vielen Jahrzehnten ist: Wenn eine Aktie fällt, kaufen wir immer mehr davon. Manchmal passiert dann etwas und wir erkennen, dass wir falsch liegen und steigen aus. Aber wenn man angemessenes Vertrauen in seine Einschätzungen hat, kauft man nach und macht sich die Kurse zunutze.«[80]

RATIONAL HANDELN

Nach Auffassung von Charlie Munger ist ein rationales Handeln eine wichtige Basis für den Erfolg am Aktienmarkt: »Rationalität ist eine wirklich gute Idee. Sie müssen sich von dem Unfug fernhalten, der im jeweils aktuellen Umfeld verbreitet ist. Dazu müssen Sie Denksysteme entwickeln, mit denen Sie mit der Zeit Ihre Erfolgsquote erhöhen.«

Praxistipp: Kennzahlen immer in der Originalquelle (Geschäftsbericht) überprüfen

Für die Bewertung von Aktien können neben dem »inneren Wert« auch gängige Finanzkennziffern – zum Beispiel das Kurs-Gewinn-Verhältnis (KGV), das Kurs-Buchwert-Verhältnis (KBV), das Kurs-Cash-Flow-Verhältnis (KCV), das Kurs-Umsatz-Verhältnis (KUV) sowie die Dividendenrendite – herangezogen werden. Wie diese Finanzkennziffern definiert sind, und welche Aussagen sie über den Kauf einer Aktie machen, können Sie im Glossar nachlesen.

Das Praktische an den oben genannten Finanzkennziffern ist: Sie müssen diese gar nicht für jede einzelne Aktie berechnen, sondern finden sie auf guten Börsenportalen, wie zum Beispiel:

www.ariva.de
www.finanzen.net
www.boerse.de
www.boerse-online.de
www.consorsbank.de
www.onvista.de

Diese Informationen bilden einen ersten Auswahl-Filter bei der Suche nach passenden Value-Aktien. Vor einer möglichen Kaufentscheidung sollten Sie diese Daten aber stets mit der Originalquelle (Geschäftsbericht des Unternehmens) abgleichen, da die kostenlosen Online-Portale Fehler in der Datenbank haben können. Und berücksichtigen Sie bei Ihren Käufen auch immer eine Sicherheitsmarge, denn laut Charlie Munger wird »die Idee einer Sicherheitsmarge, eine Maxime von Graham, [...] nie überholt sein.«[81]

EIN WEITERES WICHTIGES ENTSCHEIDUNGSKRITERIUM BEIM AKTIENKAUF – DER QUALITÄTS-ANSATZ

»Ben Graham hat ein paar blinde Flecken. Er hat die Tatsache unterschätzt, dass manche Unternehmen es wert sind, hohe Aufschläge für sie zu bezahlen.«[82]

»Wir haben unser Geld wirklich mit hochwertigen Unternehmen verdient. In manchen Fällen haben wir das gesamte Unternehmen gekauft, in anderen nur einen großen Block Aktien.«[83]

Die oben genannten Value-Kriterien sind für Munger und Buffett von enormer Bedeutung bei einer Kaufentscheidung, aber sie allein reichen nicht aus. Spätestens seit dem Einstieg von Charlie Munger bei Berkshire Hathaway werden neben den rein quantitativen auch qualitative Kriterien bei der Auswahl von Aktien berücksichtigt.

So wurde der Süßwarenhersteller See's Candies 1972 nicht gekauft, weil die Kennziffern so beeindruckend waren, sondern weil die Marke – zumindest im Westen der USA – dem Unternehmen quasi eine Monopolstellung bzw. einen Burggraben verschafft hatte. Warren Buffett beschreibt diesen Burggraben (Wettbewerbsvorteil) in einem schönen Vergleich: »Als ich 16 Jahre alt war, nahm man zur ersten Verabredung mit einem Mädchen eine Schachtel Süßigkeiten mit und schenkte sie entweder ihr oder den Eltern. In Kalifornien bekommt man von den Mädchen eine Ohrfeige, wenn auf so einer Schachtel Russel Stover [Süßwarenproduzent aus Kansas City, Anm.d. Red.] steht, und einen Kuss, wenn sie von See's ist. […] Ich glaube, für die Leute an der Ostküste, wo ebenfalls hochwertige Schokoladenprodukte verbreitet sind, hat See's keine Bedeutung.«[84]

Munger selbst spielt seine Rolle bei der Einführung zusätzlicher Entscheidungskriterien im Hause Berkshire Hathaway, die in der Presse oft besonders hervorgehoben wird, herunter. So sagte er 2005 in einem Interview: »Auch wenn es mich nie gegeben hätte, hätte sich Warren dahin entwickelt, hochwertige Unternehmen höher zu schätzen und weniger Interesse an Zigarrenstummeln mit extrem niedrigen Preisen zu zeigen. Das Angebot an Zigarrenstummeln neigte sich langsam seinem Ende zu.«[85]

Praxistipp

Berücksichtigen Sie beim Aktienkauf auch qualitative Werte, die für ein Unternehmen sprechen. Hierzu gehören zum Beispiel Faktoren wie:

- Wettbewerbsvorteile gegenüber der Konkurrenz (zum Beispiel durch Marken, Patente)
- hervorragendes Management
- hohe Marktanteile bzw. Marktführerschaft
- Schockresistenz

- Preismacht (Preiserhöhungen können ohne größere Absatzrückgänge umgesetzt werden)
- Verlässlichkeit (dauerhaft solide bzw. gute Zahlen)
- Erfahrung im Umgang mit Regulierungsvorschriften (zum Beispiel bei Medizinkonzernen)
- Größenvorteile (Economies of Scale), so haben große Handelsketten zum Beispiel deutliche Preisvorteile beim Einkauf
- Netzwerke (zum Beispiel Bewertungssysteme, wie sie etwa Amazon, Ebay und holidaycheck aufgebaut haben)

KEEP IT SMART AND SIMPLE – DIE KISS-REGEL

»Wenn etwas zu schwierig ist, wenden wir uns etwas anderem zu. Was könnte einfacher sein als das?«[86]

»Wir haben drei Körbe: Eingang, Ausgang und ›zu schwierig‹. […] Wir brauchen besondere Erkenntnisse über eine bestimmte Sache, oder sie wandert in den ›Zu-schwierig-Korb‹.«[87]

Charlie Munger hat sich die allgemeine Management-Weisheit, Dinge klug und einfach zu halten, auch als Investment-Vorsatz bzw. Strategie zu eigen gemacht. Oder wie er sich ausdrückt: »Wir haben eine Leidenschaft dafür, die Dinge einfach zu halten.«[88]

Und frei nach dem KISS-Ansatz wandern die mit Abstand meisten Investment-Ideen bei Berkshire Hathaway in den »Zu-schwierig-Korb«. Denn das Grahamsche Value Investing wird von Munger sehr eng ausgelegt. Anlagemöglichkeiten, die ein erkennbares Risiko beinhalten, werden nicht umgesetzt. Munger konzentriert sich folglich auf die wenigen Anlagemöglichkeiten, die mit keinem oder einem nur sehr geringen Risiko behaftet sind und daher einfach sind. Nur diese landen im »Ja-Korb«.

Praxistipp: Streichen Sie komplizierte Investitions-Ideen

Wenn Sie bei der Wahl Ihrer Investment-Entscheidungen wie Munger vorgehen wollen, müssen Sie konsequent sein. Haben Sie aus irgendwelchen Gründen Zweifel an einem bestimmten Investment-Vorhaben, lassen Sie die Finger davon und legen Sie dieses in den »Zu-schwierig-Korb« ab. Grübeln Sie nicht weiter über die betreffende Anlageoption nach und verschwenden Sie keine weitere Zeit darauf. Konzentrieren Sie sich vielmehr auf die vielen anderen Möglichkeiten, Ihr Geld anzulegen.

LESEN BILDET – DER ALLGEMEINBILDUNGS-ANSATZ

»Die Theorie der modernen Bildung lautet, dass man Allgemeinbildung braucht, bevor man sich spezialisieren kann. Und ich glaube, dass man auch eine gewisse Allgemeinbildung braucht, um ein hervorragender Stockpicker zu werden.«[89]

»Von nichts habe ich in meinem langen Leben stärker profitiert als von ständigem Lernen. Ich habe mein Leben damit zugebracht, durchgängig den multidisziplinären Ansatz zu praktizieren, und ich kann Ihnen gar nicht sagen, wie sehr mir das geholfen hat.«[90]

Munger ist ein hochgebildeter Mann und das in vielen Bereichen. Bevor er in Harvard Jura studierte, hatte er bereits in andere Wissenschaften, wie die Mathematik und Meteorologie, hineingeschnuppert. Und auch nach seinem Jura-Studium hat er sich stetig weitergebildet. Für ihn ist das Lesen auch fachfremder Lektüre sehr wichtig und daher auch ein Bestandteil seines täglichen Lebens. »In meinem ganzen Leben habe ich noch keinen klugen Menschen (in einem breiteren

Themengebiet) kennengelernt, der nicht andauernd gelesen hätte – nichts, niemanden. Sie wären erstaunt darüber, wie viel Warren Buffett liest und wie viel ich lese.«[91]

Praxistipp: Lesen hilft dabei, ein besserer Anleger zu werden

Diesmal kommt der Praxistipp vom Meisterinvestor Charlie Munger persönlich: »Entwickeln Sie sich durch unersättliches Lesen zu einem lebenslang Lernenden in Eigenregie. Kultivieren Sie Neugier und streben Sie danach, jeden Tag ein bisschen klüger zu werden.«[92]

ABWARTEN UND DANN RICHTIG ZUSCHLAGEN – DIE GANZ-ODER-GAR-NICHT-STRATEGIE

»Erfolg bedeutet, sehr geduldig zu sein, aber aggressiv, wenn die richtige Zeit dafür gekommen ist.«[93]

»Wir haben große Flexibilität und eine gewisse Disziplin in dem Sinn, dass wir nicht irgendetwas Dummes tun, nur um aktiv zu sein. Es geht also um die Disziplin, nicht irgendeinen verdammten Blödsinn zu machen, weil man keine Untätigkeit ertragen kann.«[94]

»Es ist bemerkenswert, wie schnell Berkshire handelt, wenn wir eine Gelegenheit entdecken. Man darf nicht zögerlich sein – und das gilt für alle Bereiche des Lebens.«[95]

Munger und Buffett sind geduldige Investoren. Wenn die Börse verrücktspielt – wie in den Go-Go-Jahren Anfang der 70er-Jahre, den Zeiten der Internet-Blase um die Jahrtausendwende oder während der US-Hausse von 2007 – hielten sich Munger und Buffett bewusst mit Investitionen zurück. Sie wollten das Spiel der Spekulanten nicht mitspielen, denn sie ahnten das bittere Ende: das Zerplatzen der jeweiligen Blasen.

Als die Blasen schließlich platzten und sich alle anderen Investoren zurückhielten, schlug Berkshire Hathaway richtig zu. Allein im Oktober 2008, kurz nachdem die Immobilienblase in den USA geplatzt war, investierten Munger und Buffett 11 Mrd. Dollar in Goldman Sachs sowie General Electric. Damit folgte Munger den weisen Worten seines Großvaters, der ihm beigebracht hatte, »dass Gelegenheiten selten sind und dass man bereit sein muss, wenn sich eine bietet.«[96]

Praxistipp: Zurückhaltung im Boom, starke Aktivität in Schnäppchen-Phasen

Geduld ist, wie so oft im Leben, auch an der Börse ein guter Begleiter. Investieren Sie nicht voreilig, sondern lassen Sie sich Zeit beim Analysieren des Aktienmarktes. Lassen Sie sich in Boomphasen nicht vom allgemeinen Kaufrausch anstecken. Warten Sie ab, bis die Blase platzt oder der Boom abflaut. Investieren Sie dann Ihr Geld in die lukrativen Aktien, die Sie während des Booms analysiert und als kaufenswert eingestuft haben. Und investieren Sie dann richtig, frei nach dem Motto: »Ganz oder gar nicht!«

FOLGE NICHT DER BREITEN MASSE – DER ANTI-HERDENTRIEB-ANSATZ

»Der Herde nachzueifern ist eine Einladung zur Rückkehr zum Mittelwert (also nur durchschnittlicher Performance).«[97]

»Selbst gestandene Geschäftsleute fallen den Wellen der sozialen Bewährtheit zum Opfer. Können Sie sich noch erinnern, wie vor ein paar Jahren ein Ölunternehmen einen Hersteller von Düngemitteln gekauft hat und dann praktisch jedes andere Ölunternehmen losrannte, um das Gleiche zu tun? Dabei gab es keinen verdammten Grund für diese Ölunternehmen, Düngemittelhersteller zu kaufen. Sie wussten einfach nicht mehr recht, was sie sonst tun sollten, und wenn sich dann Exxon dazu entschied, musste es auch für Mobil in Ordnung sein, und umgekehrt. Ich glaube, inzwischen sind sie alle weg, aber es war eine absolute Katastrophe.«[98]

Ähnlich gelagert wie der zuvor vorgestellte Ansatz ist auch der Anti-Herdentrieb-Ansatz. Wenn Sie an der Börse nur in die Werte investieren, die gerade angesagt bzw. en vogue sind, werden Sie nur durchschnittlich verdienen.

Praxistipp: Mehr Rendite mit unentdeckten Perlen

Schwimmen Sie auch mal gegen den Strom bzw. bewegen Sie sich auf weniger ausgetretenen Pfaden. Nur so können Sie eine überdurchschnittliche Performance erreichen. Schauen Sie sich auch weniger bekannte Werte an, zum Beispiel aus dem MDax oder TecDax.

KAUFEN UND HALTEN – DIE TREUE-STRATEGIE

»Es hat enorme Vorteile, eine Position einzunehmen, bei der man ein paar hervorragende Investitionen macht und sich einfach zurücklehnt und wartet. Man bezahlt weniger Gebühren an Broker. Man muss sich weniger Unsinn anhören. Und wenn es funktioniert, bringt einem das Steuersystem 1, 2 oder 3 zusätzliche Prozentpunkte pro Jahr ein.«[99]

»[Etwas] zu verkaufen, wenn sich der Kurs der eigenen Berechnung für seinen inneren Wert nähert, ist schwierig. Aber wenn Sie ein paar hervorragende Unternehmen kaufen, können Sie auch einfach auf Ihrem Hintern sitzen bleiben. Das ist eine gute Sache.«[100]

Wenn sich Munger und Buffett erst einmal für eine Investition entschieden haben, neigen sie auch dazu, dieses Investment lange zu halten. Bestes Beispiel hierfür sind die Aktien der Versicherungsgesellschaft GEICO sowie der Medienkonzerne Cap Cities und Washington Post, die über Jahrzehnte im Depot von Berkshire Hathaway lagen und von Buffett als »die Unvermeidlichen« bezeichnet wurden.[101]

Praxistipp: Halten Sie Qualitäts-Aktien lange im Depot

Wenn Sie nach intensiver Analyse Aktien kaufen, können Sie diese soliden Werte auch lange halten. Hierfür sprechen die hohe Qualität der Aktien und die laufenden Einnahmen in Form von Dividenden. Ihr Einstiegskurs bleibt konstant, aber die Dividenden werden regelmäßig erhöht. Dadurch steigt automatisch Ihre Dividenden-Rendite. Hinzu kommt, dass Sie durch die Treue-Strategie Transaktionskosten einsparen, denn jeder Verkauf und Neukauf kostet Gebühren.

TUTTO COMPLETO – DER ÜBERNAHME-ANSATZ

»Von allen Aktivitäten bei Berkshire erfreut Charlie und mich am meisten die Übernahme eines Unternehmens in einer ausgezeichneten wirtschaftlichen Position mit einem Management, das wir mögen, dem wir vertrauen und das wir bewundern. Solche Übernahmen passieren nicht oft, aber wir halten beständig danach Ausschau.«[102]

»Wir kaufen Markteintrittshürden. Sie aufzubauen ist schwierig. […] Unsere großen Marken sind nichts, was wir selbst geschaffen hätten. Wir haben sie gekauft.«[103]

Seit den 70er-Jahren haben Buffett und Munger immer häufiger ganze Firmen aufgekauft. Beispiele hierfür sind der Süßwarenhersteller See's Candies 1972, der Mischkonzern Scott & Fetzer 1986, die Schnellrestaurantkette Dairy Queen 1996, der Textilproduzent Fruit of the Loom 2002, die Eisenbahngesellschaft Burlington Northern Santa Fe 2010 und der Batteriehersteller Duracell im Jahr 2014. Aktuell besitzt Berkshire Hathaway über 70 ehemals selbstständige Unternehmen.[104] Eine Übersicht über die 100-prozentigen Töchterunternehmen von Berkshire Hathaway finden Sie unter: http://www.berkshirehathaway.com/subs/sublinks.html.

Praxistipp: Mit Beteiligungsgesellschaften in mehrere Unternehmen investieren

Die vollständige Übernahme von Unternehmen bleibt den Großinvestoren vorbehalten. Aber auch hier gilt: Sie können an der Börse Trittbrettfahrer spielen und Ihr Geld in große Beteiligungsgesellschaften investieren. Bekanntestes Beispiel ist Berkshire Hathaway.

Darüber hinaus gibt es in Deutschland mehrere kleine börsennotierte Beteiligungsgesellschaften wie Indus, Gesco oder MBB, die erfolgreiche Mittelständler zu 100 Prozent übernehmen. Suchen Sie an der Börse einfach eine »Mini-Berkshire«.

INVESTIERE NICHT IN DINGE, DIE DU NICHT VERSTEHST – DER ANTI-HIGHTECH-ANSATZ

»Warren und ich glauben nicht, dass wir im Hightech-Sektor irgendeinen großen Vorteil haben. Tatsächlich finden wir eher, dass wir einen großen Nachteil haben, wenn es darum geht, den Charakter von technischen Entwicklungen bei Software, Computer-Chips und solchen Sachen zu verstehen. Also neigen wir dazu, uns herauszuhalten auf der Grundlage unserer persönlichen Unzulänglichkeiten.«[105]

»Ich sollte betonen, dass Charlie und ich als Bürger Wandel begrüßen: Frische Ideen, neue Produkte, innovative Verfahren und dergleichen mehr führen dazu, dass der Lebensstandard in unserem Land steigt, und das ist eindeutig gut. Aber als Investoren reagieren wir auf eine Branche im Umbruch entsprechend unserer Einstellung zur Eroberung des Weltraums: Wir applaudieren dem Bemühen, aber wir möchten nicht mitfliegen.«[106]

> Munger nach seiner ersten Investition in eine Hightech-Firma: »Ich habe nie wieder in Hightech investiert. Ich habe es einmal versucht und habe festgestellt, dass es zu viele Probleme mit sich bringt.«[107]

Dass Berkshire Hathaway Investitionen in neue Technologien lange Zeit mied, ist allseits bekannt. Frei nach dem Motto, »Was ich nicht kenne, das mag ich nicht«, investieren Munger und Buffett nach eigener Aussage nicht in die Computerbranche oder in Weltraumtechnologie.

Ihre Antipathie gegenüber der Computerbranche haben Munger und Buffett aber in den vergangenen Jahren aufgegeben. Schließlich ist diese Branche mittlerweile seit mehr als 50 Jahren erfolgreich am Markt und es handelt sich bei ihren Produkten nicht mehr um neue Technologien. Ein Beispiel für eine Technologie-Beteiligung von Berkshire ist Apple. Buffett und Munger betrachten Apple aber weniger als innovativen Technologiekonzern, sondern als starke Marke mit einer großen, treuen und finanzkräftigen Kundenbasis. Daher der Apple-Einstieg.

Allerdings investieren Munger und Buffett auch heute nicht in neueste Technologien. Der Grund hierfür ist die Tatsache, dass sich auf neue Märkte gleich eine Vielzahl bestehender Unternehmen stürzen bzw. dass sich in diesen Bereichen viele Unternehmen neu gründen. Nach einer gewissen Zeit finden in diesen Märkten Marktbereinigungen statt. Das heißt, ein großer Teil der Unternehmens-Neugründungen geht pleite oder wird von den Großen der Branche geschluckt. Die Wahrscheinlichkeit, in solchen Märkten auf eines der wenigen Unternehmen zu setzen, die die Marktbereinigung überleben, ist gering. Daher investieren konservative Anleger wie Munger und Buffett nicht in neue Märkte.

Praxistipp: Warten Sie erst ab, bis sich eine neue Technologie etabliert hat

Investitionen in neue Technologien/Märkte sind spekulativ. Viele der (zum Teil neugegründeten) Hightech-Firmen überleben nur ein paar Jahre. Erwischt man als Investor – mehr oder weniger zufällig – eines dieser »überlebenden« Hightech-Unternehmen, kann man sicher gutes Geld verdienen. Für Munger und Buffett ist das Risiko solcher Investitionen jedoch zu hoch und ein entsprechendes Investment zu spekulativ.

Heute wissen wir, dass ein frühes Investment in Amazon, Google oder Facebook sehr gewinnbringend gewesen wäre. Aber zum Zeitpunkt der Investitionsentscheidung gab es viele Konkurrenten. Wer ausgerechnet auf die wenigen Branchengewinner gesetzt hat, hat wahrscheinlich nur Glück gehabt. An die vielen erfolglosen Konkurrenten, die mittlerweile in der Versenkung verschwunden sind, denkt heute niemand mehr. Daher darf niemand den Fehler machen zu glauben, ein Technologiegewinner sei leicht zu erkennen. Berühmte Beispiele wie das Video-Format (VHS) oder die Betriebssoftware (Microsoft) zeigen, dass sich oft noch nicht einmal die beste Technologie durchsetzt. Daher sind neue Technologien auch nicht berechenbar.

ZU VIEL DES GUTEN IST NICHT GUT – DER ANTI-DIVERSIFIZIERUNGS-ANSATZ

»Unser Anlagestil hat einen eigenen Namen bekommen: Fokus-Investing. Das bedeutet eher 10 Positionen als 100 oder 400.«[108]

»Anleger im Berkshire-Stil sind meist weniger diversifiziert als andere. Mit ihrer Glorifizierung der Idee der Diversifizierung haben Akademiker intelligenten Anlegern einen riesigen Bärendienst erwiesen. Denn ich bin schlicht der Meinung, dass das ganze Konzept buchstäblich fast wahnsinnig ist. Es betont das gute Gefühl, wenn die eigenen Anlageergebnisse nicht allzu stark vom Durchschnitt abweichen. Aber warum sollte man auf einen solchen Zug aufspringen, wenn man nicht von jemanden mit einer Peitsche und Pistole dazu gezwungen wird?«[109]

Munger ist kein Verfechter der Portfolio-Theorie, die besagt, dass man durch Diversifizierung (also die Investition in eine Vielzahl von Werten) das Anlagerisiko minimieren kann. Er ist vielmehr der Meinung, dass ein Anleger sich auf seine besten Werte konzentrieren soll, frei nach dem Motto »Klasse statt Masse«. Es ist aus seiner Sicht besser, die verfügbaren Mittel in die zehn besten Aktien zu investieren, als weiter auf die Suche zu gehen und das zur Verfügung stehende Kapital auf die besten 100 oder gar 400 zu verteilen.

Schaut man sich das Depot von Berkshire-Hathaway an, das Buffett und Munger in ihren Briefen an die Aktionäre jährlich veröffentlichen (www.berkshirehathaway.com/letters), sind darin nur (relativ) wenige Werte enthalten. Hoch ist allerdings die Zahl der Aktien, die sich auf diese wenigen Werte verteilen.

Praxistipp: Weniger ist an der Börse oft mehr

Konzentrieren auch Sie sich auf die besten Aktien. Lassen Sie sich Zeit, um die lukrativsten bzw. besten Aktien zu finden. Teilen Sie dann Ihr Kapital auf diese (wenigen) Aktien auf. Als Privatanleger ist es aus Sicht von Munger nicht sinnvoll, ein Depot mit 30, 50 oder 100 unterschiedlichen Aktien-Positionen zu führen.

»KEINE PANIK AUF DER TITANIC!« – DIE GLEICHMUT-STRATEGIE

»Ich glaube, es spricht einiges dafür, sich die Fähigkeit anzueignen, Aktien zu besitzen, ohne sich Sorgen zu machen.«[110]

»Wenn Sie nicht bereit sind, zwei- oder dreimal pro Jahrhundert mit Gleichmut auf einen Kursabsturz um 50 Prozent zu reagieren, sind Sie nicht als Aktionär geeignet. Sie verdienen dann das mittelmäßige Ergebnis, das Sie im Vergleich zu anderen Leuten bekommen werden, die das richtige Temperament haben und mit solchen Marktschwankungen gelassener umgehen können.«[111]

Wenn Sie bei der Auswahl Ihrer Aktien auf solide Werte setzen, die Sie vor dem Kauf intensiv analysiert und für gut befunden haben, können Sie sich auch in stürmischen Börsenzeiten ruhig zurücklehnen. Kursschwankungen – auch extreme – kommen immer wieder mal vor. Aber solide Schiffe (Aktien) mit erfahrenen Offizieren auf der Brücke (Management) überstehen jeden Sturm. Und die Börsen-Geschichte zeigt: Nach jedem noch so starken Sturm bessert sich das Wetter und die Sonne lacht wieder. Anders ausgedrückt: Der Dax oder Dow Jones bewegt sich zwar in Wellen, aber über die Jahre betrachtet zeigt der Trend nach oben.

Praxistipp: Lernen Sie geduldig zu sein um auch Crash-Phasen zu überstehen

Kursschwankungen gehören zur Börse wie die Wellen zum Meer. Dessen müssen Sie sich als Anleger bewusst sein. Lernen Sie, auch in stürmischen Zeiten gelassen zu bleiben. Vertrauen Sie auf Ihre Aktien und warten Sie geduldig auf den Wechsel des Börsenwetters, denn dieser kommt bestimmt.

DIE KEHRSEITE DER MEDAILLE BEACHTEN – DER QUERDENKER-ANSATZ

»Häufig schaut man sich ein Unternehmen mit fabelhaften Ergebnissen an. Die Frage lautet dann: Wie lange kann das anhalten?« Nun, ich kenne nur eine Möglichkeit um das zu beantworten: Man muss überlegen, warum die aktuellen Ergebnisse möglich sind, um dann herauszufinden, was dafür sorgen könnte, dass sie es nicht mehr sind.«[112]

»Wenn Charlie über Sachen nachdenkt, fängt er mit dem Gegenteil an. Um zu verstehen, wie man ein glückliches Leben führt, untersucht er, was das Leben unglücklich macht. Um zu erfahren, wie ein Unternehmen groß und stark wird, schaut er sich erst einmal an, wie Unternehmen abstürzen und untergehen.«[113]

»Er [Munger] mag es, Dinge umzudrehen. Er sagt, alles was ich wissen will, ist, wo ich sterbe, so dass ich nie dorthin gehe.«[114]

Charlie Munger und auch Warren Buffett sind Querdenker, das heißt, sie lösen offene Fragen und Probleme, indem sie das Problem umdrehen und das Gegenteil näher betrachten. Sie fragen sich:

»Was ist die Kehrseite? Was kann schiefgehen, was ich übersehen habe?«[115]

Praxistipp: Prüfen Sie, wie ein Unternehmen Gegenwind meistert

Der Querdenker-Ansatz ist hervorragend geeignet, um die Sinnhaftigkeit eines Investments zu hinterfragen. Zum Beispiel kann man bei einem Unternehmen, dessen Kurs enorm abgestürzt ist, überlegen: Warum war der Kurs einmal deutlich besser? Hat das Unternehmen noch die Substanz, die den ehemals guten Kurs rechtfertigte, und wird sich das Unternehmen erholen können bzw. den Turnaround schaffen?

NICHT AUF PUMP KAUFEN – KREDITFINANZIERUNG IST SEHR RISKANT

»Es gibt drei Dinge, die Menschen ruinieren: Drogen, Schnaps und Kreditfinanzierung.«[116]

Dass Drogen und Schnaps einen Menschen ruinieren können, ist allseits bekannt. Aber laut Munger kann auch der mit einem Kredit finanzierte Aktienkauf zum Ruin führen.

Nehmen Sie einen Kredit auf, um einen Aktienkauf zu tätigen, gehen Sie ein sehr riskantes Geschäft ein. Solche Geschäfte können nur funktionieren, wenn die Aktien sich sehr gut entwickeln und die Dividende ausreicht, um die Kreditzinsen zu zahlen. Aber irgendwann wird auch die Tilgung des Kredits fällig. Wenn Sie dafür die Aktien verkaufen müssen, deren Kurs zu diesem Zeitpunkt gerade in den Keller gegangen ist, zahlen Sie drauf.

Anmerkung: Wie zuvor berichtet, hat Charlie Munger einige wenige Investments mit Krediten finanziert. Diese waren allerdings sehr sichere Investments und auch die Renditen fielen sehr hoch aus. Insbesondere wenig erfahrenen Investoren empfiehlt er daher, Investitionen nicht mit Krediten zu finanzieren.

Praxistipp: Investieren Sie an der Börse nur eigene Mittel, auf die Sie mehrere Jahre verzichten können

Lassen Sie die Finger von kreditfinanzierten Aktienkäufen. Investieren Sie nur Kapital, das Sie wirklich übrig haben. Denn auch für Ihren Lebensunterhalt benötigen Sie Geld, und wenn unverhoffte Ausgaben kommen – zum Beispiel durch einen Autounfall – sollten Sie noch auf flüssige Reserven zurückgreifen können. Müssen Sie in solchen Situationen Aktien verkaufen, und der Kurs ist gerade im Keller, zahlen Sie drauf.

»TRAUE KEINER PROGNOSE, DIE DU NICHT SELBST ERSTELLT ODER BEAUFTRAGT HAST«

> »Prognosen werden von Menschen erstellt, die ein Interesse an einem bestimmten Ergebnis haben. [...] Prognosen in den USA sind häufig eine Lüge.«[117]

> »Prognosen sollten mit Vorsicht behandelt werden, vor allem wenn sie von jemanden stammen, der ein Interesse daran hat, Sie in die Irre zu führen.«[118]

Investoren lassen sich häufig von Prognosen leiten, die sie in den Wirtschaftsmedien gefunden haben. Charlie Munger ist aber der Auffassung, dass man keiner Prognose vertrauen darf. Angelehnt an die Churchillsche Weisheit, »Traue keiner Statistik, die du nicht selbst gefälscht hast«, würde Munger sagen: »Traue keiner Prognose, die du nicht selbst beauftragt hast«. Aber auch das ist nicht ganz richtig, denn Munger beauftragt keine Prognosen, wie er in einem seiner eher deftigen Sprüche kundgetan hat: »Ich lasse mir keine Prognosen erstellen, denn ich mag mich nicht so gerne auf meinen Schreibtisch übergeben.«[119]

Praxistipp: Verlassen Sie sich auf Ihre eigenen Analysen

Es ist zwar praktisch, Empfehlungen bzw. Prognosen zu folgen, aber es gibt davon sehr viele mit den unterschiedlichsten Interessen. Und wenn Sie allen Empfehlungen und Prognosen folgen wollten, müssten Sie eine Menge (mehr oder weniger solide) Aktien in Ihr Depot aufnehmen. Besser ist es, sich auf seinen eigenen (Value-)Analysen zu verlassen.

TUE GUTES UND REDE DARÜBER – DER KOMMUNIKATIVE ANSATZ

»Ich kenne kaum jemanden, der es im Leben mit seiner Kognition weit gebracht hat, ohne eine vertraute Person zum Reden zu haben. Einstein hätte nicht schaffen können, was er geschafft hat, wenn er keine Gesprächspartner gehabt hätte.«[120]

»Nicht einmal Einstein hat isoliert gearbeitet. Aber er ist nie zu großen Konferenzen gegangen. Jedes menschliche Wesen braucht Kollegen, mit denen es sich unterhalten kann.«[121]

Munger betont wiederholt, dass das Reden mit vertrauten Personen sehr hilfreich und auch wichtig ist. Und was am Reden so wichtig ist, macht er mit folgenden Worten deutlich: »Wenn man versucht, andere zu überzeugen, sortiert man die eigenen Gedanken. Das ist ein sehr wichtiger Aspekt.«[122]

Praxistipp: Besprechen Sie Ihre Investment-Ideen

Reden Sie mit Ihrem Partner oder Ihrer Partnerin über die von Ihnen geplanten Investments. Erläutern Sie der betreffenden Person, warum Sie eine bestimmte Aktie ausgewählt haben und warum Sie genau darin investieren wollen. Oder reden Sie mit Freunden und Bekannten über das Thema Geldanlage.

Alternativ können Sie sich auch in Börsenforen im Internet austauschen. Aber inwiefern Sie den Aussagen der Forenteilnehmer folgen wollen – diese zählen ja nicht zu den vertrauten Personen –, müssen Sie selbst entscheiden. Börsenforen finden Sie zum Beispiel unter folgenden Internetadressen:

http://www.ariva.de/forum/boerse
https://www.boersenforum.de/
http://www.aktienboard.com/forum/
https://www.wallstreet-online.de/community
https://www.finanz-forum.de/
https://www.wertpapier-forum.de/

FISCHE NICHT IM TRÜBEN – NETZWERKE AUFBAUEN UND NUTZEN

Charlie Munger wird in der Literatur sehr häufig im Zusammenhang mit Warren Buffett erwähnt. Beide leiten die Geschäfte der wohl erfolgreichsten Investment-Firma aller Zeiten, aber das ist kein Zufall. Denn obwohl Munger und Buffett in der gleichen Stadt geboren wurden, hat es über 50 Jahre gedauert, bis sie sich kennenlernten. Ihr erstes Gespräch war von einem Freund Charlie Mungers, Neal Davis, der einer der ersten Investoren Buffetts war, organisiert worden. Sie trafen sich zu einem Abendessen im Omaha-Club und Munger und Buffett waren sofort auf gleicher Wellenlänge, aus der sich dann die lebenslange Freundschaft und geschäftliche Partnerschaft entwickelte.

Das erste, was Munger tat, als er sich in Los Angeles niederließ, war das Knüpfen von Netzwerken. Er trat diversen (Gentlemen) Clubs bei, in denen er Gleichgesinnte traf.

Munger und Buffett treffen sich regelmäßig mit bekannten Value-Investoren und tauschen ihre Erfahrungen aus. Zu dieser sog. Buffett-Gruppe – ursprünglich auch Graham-Gruppe genannt – gehören bekannte Investoren-Persönlichkeiten wie Bill Ruane, Walter Schloss, Ed Anderson, Tom Knapp, Roy Tolles und David Gottesman.[123] In späteren Jahren kam auch Bill Gates dazu.

Praxistipp: Besser informiert im Netzwerk

Machen Sie es wie die großen und knüpfen Sie Netze! Schauen Sie sich in Ihrem Bekanntenkreis um, wer dort an der Börse aktiv ist. Oder nutzen Sie die Sozialen Medien, wie zum Beispiel Xing, Facebook oder Instagram, um dort Netzwerken beizutreten bzw. neue Netzwerke zu erstellen.

CHECKLISTE: SO INVESTIEREN SIE WIE CHARLIE MUNGER

»Ich glaube fest daran, schwierige Probleme mithilfe von Checklisten zu lösen. Dadurch führt man sich all die naheliegenden und weniger naheliegenden Antworten vor Augen; ansonsten kann es leicht passieren, dass man etwas Wichtiges übersieht.«[124]

Analysieren Sie Aktien, die Sie kaufen wollen, nach ihrem (inneren) Wert. Berücksichtigen Sie dabei eine Sicherheitsmarge von mindestens 20 Prozent.

1. Untersuchen Sie die fundamentalen Kennziffern (wie zum Beispiel KBV, KCV, KGV, KUV sowie Dividendenrendite) der ausgesuchten Aktien.

2. Überlegen Sie sich stets, ob die Unternehmen, in die Sie investieren möchten, über Wettbewerbsvorteile (Burggräben) verfügen zum Beispiel in Form von Marken, Patenten, Qualität, solides und innovatives Management, Größenvorteile.
3. Fällt Ihnen bei der Analyse eines Unternehmens ein unkalkulierbares Risiko auf, lassen Sie die Finger davon und legen Sie dieses Vorhaben in den »Zu-schwierig-Korb« ab.
4. Investieren Sie nicht voreilig, sondern lassen Sie sich Zeit beim Analysieren des Aktienmarktes.
5. Lassen Sie sich in Boomphasen nicht vom allgemeinen Kaufrausch anstecken. Nutzen Sie diese Phasen für die Analyse und schlagen Sie richtig zu, wenn der Kaufrausch vorbei bzw. die Blase geplatzt ist.
6. Konzentrieren auch Sie sich auf die besten Aktien und teilen Sie dann Ihr Kapital auf diese (wenigen) Aktien auf.
7. Halten Sie gute Aktien durchaus über einen längeren Zeitraum. So sparen Sie Transaktionskosten (Gebühren) und Steuern.
8. Investieren Sie nicht in Hightech-Werte bzw. neue Märkte, die noch in der Aufbauphase sind.
9. Kaufen Sie Aktien nie auf Pump. Kreditfinanzierte Aktienkäufe sind zu riskant.
10. Reden Sie mit interessierten Freunden, Kollegen und Verwandten über Ihre Investmentvorhaben.
11. Bilden Sie Ihr eigenes Börsen-Netzwerk.

ÜBER DIE AUTOREN

Rolf Morrien, Jahrgang 1972, studierte in Münster und Wien Geschichte, Wirtschaft und Politik und absolvierte anschließend eine Ausbildung zum Wirtschaftsjournalisten. Danach war er Redakteur des Dienstes »Aktien-Analyse«. Seit 2002 leitet er den Börsendienst »Der Depot-Optimierer«. Im FinanzBuch Verlag sind von ihm die Börsenbestseller *Börse leicht verständlich*, *Börse ganz praktisch* und *Verschenken Sie kein Geld!* erschienen.

Heinz Vinkelau, Jahrgang 1963, studierte in Münster Volkswirtschaft und Wirtschaftsgeschichte. Nach Abschluss des Studiums war er als Existenzgründungsberater tätig. Seit mehr als 15 Jahren schreibt er als Redakteur für diverse Fachverlage.

GLOSSAR

Aktie
Eine Aktie ist ein Wertpapier, das einen Anteil an einer Aktiengesellschaft (AG) verbrieft. Der Inhaber einer Aktie (Aktionär) ist Gesellschafter der Aktiengesellschaft. Durch den Verkauf von Aktien an Aktionäre beschaffen sich Aktiengesellschaften Eigenkapital.

Aktienfonds
Ein Aktienfonds (Fonds, französisch für Fundus/Kapital) ist ein von Fondsmanagern verwaltetes Sondervermögen, das in diversen Aktien (-> Portfolio) investiert ist. Anteile von Aktienfonds werden am Kapitalmarkt gehandelt. Neben Aktienfonds gibt es auch Immobilienfonds, Rentenfonds und gemischte Fonds.

Aktiengesellschaft (AG)
Laut § 1 Aktiengesetz (AktG) handelt es sich bei einer Aktiengesellschaft um eine Handelsgesellschaft mit eigener Rechtspersönlichkeit (juristische Person). Die Aktiengesellschaft hat ein in Aktien zerlegtes Grundkapital. Aktiengesellschaften können ihre Aktien an einer Börse registrieren lassen und sie darüber verkaufen bzw. zurückkaufen.

Aktiengesetz (AktG)
Im deutschen Aktiengesetz von 1965 wird die Rechtsform der Aktiengesellschaft geregelt. Neben allgemeinen Vorschriften (zum Beispiel zur Gründerzahl, Mindesthöhe des Grundkapitals, Art der Aktien) werden dort unter anderem auch die Gründungsformalitäten, die Rechtsverhältnisse der AG zu ihren Gesellschaftern (Aktionären) sowie die Organe einer AG (Vorstand, Aufsichtsrat und Hauptversammlung) definiert. Das Aktiengesetz finden Sie im Internet unter http://www.gesetze-im-internet.de/aktg/

Aktienoptionen
Bei Aktienoptionen handelt es sich um vertraglich vereinbarte Rechte auf Aktien, die an Terminbörsen (zum Beispiel Eurex) gehandelt werden. Aktienoptionen sind auf eine festgelegte Laufzeit begrenzt. Unterschieden wird zwischen Kauf-Optionen (Calls) und Verkaufs-Optionen (Puts). Kauf-Optionen (Calls) sichern das Recht, eine festgelegte Anzahl an Aktien während der Options-Laufzeit zu einem vorher festgelegten Preis (Basispreis) zu kaufen. Verkaufs-Optionen (Puts) werden genutzt, um

mit geringem Kapitaleinsatz auf steigende Kurse zu spekulieren. Verkaufsoptionen bieten sich zur Absicherung eines Aktien-Portfolios gegen sinkende Kurse an.

Aktienrückkäufe
Kaufen Aktiengesellschaften die von ihnen emittierten Aktien, handelt es sich um einen Aktienrückkauf. Aktienrückkäufe sind in Deutschland nur unter den in § 71 AktG festgelegten Bedingungen zulässig. Durch Aktienrückkäufe erhöht sich der Wert der Aktien, da Gewinn und Dividendensumme zukünftig auf weniger Aktien vom Unternehmen – wie oft üblich – nach dem Rückkauf vernichtet werden, was für die Aktionäre vorteilhaft ist. Rückkaufprogramme werden aber auch durchgeführt, um Übernahmeversuche zu erschweren.

Aktiensplit
Bei einem Aktiensplit handelt es sich um eine Maßnahme, mit der hochpreisige Aktien optisch attraktiver gemacht werden. Dies wird erreicht, indem die Zahl der Aktien vervielfacht wird, das Grundkapital jedoch gleich bleibt. Dadurch reduziert sich der Aktienkurs. Die Aktien erscheinen für neue Anleger günstiger – und somit attraktiver. Bestandsaktionäre erhalten im Rahmen eines Aktiensplits Gratisaktien, so dass der Wert ihrer Aktien-Position gleich bleibt. Wird zum Beispiel die Zahl der Aktien im Rahmen eines Aktiensplits verdoppelt, erhalten Bestandsaktionäre je Aktie eine weitere Gratisaktie.

Anleihe
Bei Anleihen handelt es sich um (meist festverzinsliche) Wertpapiere mit einer festgelegten Laufzeit. Die Ausgabe/Emission von Anleihen dient der Fremdkapitalbeschaffung. Zum Laufzeitende wird der Nominalwert der Anleihe zurückgezahlt. Die in der Anleihe festgeschriebenen Zinszahlungen erfolgen in der Regel jährlich. Herausgegeben werden Anleihen zum Beispiel von Unternehmen, Bund, Ländern und Kommunen sowie Banken.

Arbitrage-Geschäfte
Bei Arbitrage-Geschäften werden zeitliche und/oder räumliche Preisunterschiede ausgenutzt. Wird eine Aktie zum Beispiel an mehreren Börsenstandorten gehandelt, lohnt es sich bei unterschiedlichen Kursen, die Aktie am günstigen Börsenstandort zu kaufen und sofort an einem anderen Standort mit höheren Kursen wieder zu verkaufen. Spätestens seit der Einführung des elektronischen Handels und der damit stetig zunehmenden Markttransparenz verlieren Arbitrage-Geschäfte jedoch im Wertpapierhandel an Bedeutung.

Asset
Als Asset bezeichnet man einen Vermögenswert. Üblicherweise teilt ein Investor sein Vermögen auf verschiedene Assets auf, so auf Aktien, auf Anleihen, auf Immobilien etc.

Aufsichtsrat
Der Aufsichtsrat ist ein Organ deutscher Aktiengesellschaften und ist in § 95 ff. Aktiengesetz geregelt. Die wichtigste Aufgabe des Aufsichtsrats einer AG ist die Überwachung des Vorstands. Der Aufsichtsrat besteht aus mindestens drei Mitgliedern. Die Mitglieder des Aufsichtsrats werden von der Hauptversammlung gewählt.

Auktion, holländische
Bei einer holländischen Auktion – auch Rückwärtsauktion genannt – gibt der Verkäufer einen Startpreis vor, der über die Laufzeit der Auktion sinkt (rückläufig ist). Der Erstbietende erhält den Zuschlag. Im Gegensatz zu einer normalen (aufsteigenden) Auktion kann der Zuschlag schon schnell nach Beginn der Auktion erfolgen. Den Namen hat dieses Auktionsverfahren daher, dass es an den holländischen Blumenbörsen Anwendung findet.

B-Aktie
Im Jahre 1996 führte Berkshire Hathaway (BRK) sogenannte B-Aktien – auch als Baby B bezeichnet – ein. Der Nennwert der B-Aktien beträgt ein Dreißigstel der teuren A-Aktien von BRK. Durch die kostengünstigen B-Aktien sollten die Geschäfte von Trittbrettfonds, die in ihrem Portfolio das Aktienportfolio von BRK nachbildeten, unrentabel werden.

Bärenmarkt -> Baisse

Baisse
Phasen eines langanhaltenden Abschwungs an der Börse werden als Baisse oder auch als Bärenmarkt bezeichnet.

Behavioral Economics
Behavioral Economics (deutsch: Verhaltensökonomie) ist ein wirtschaftswissenschaftlicher Ansatz, der irrationales Handeln von Marktteilnehmern mit psychologischen Untersuchungen erläutert. Ein gutes Beispiel für das irrationale Verhalten an der Börse ist die von Benjamin -> Graham erfundene Figur des »Mr. Market«. Anhand dieser Figur zeigt Graham auf, warum sich Anleger in bestimmten Situationen irrational verhalten.

Berkshire Hathaway (BRK)
1955 fusionierten die Textilunternehmen Berkshire und Hathaway zu Berkshire Hathaway (BRK). In den 60er-Jahren begann Warren Buffett sukzessive BRK-Aktien zu kaufen und wurde zum Vorstand des Unternehmens. Seitdem wurde das Kapital von BRK in lukrative Unternehmen außerhalb der schwächelnden Textilbranche investiert. 1985 wurde die letzte Textilfabrik von BRK geschlossen. Seitdem agiert BRK als reine Investment-Holding unter Leitung von Warren Buffett und dessen Stellvertreter Charles Munger.

Beta
Maßeinheit für die Schwankungen (-> Volatilität) von Aktien im Vergleich zum Gesamtmarkt. Eine Aktie mit dem Beta von 1 schwankt so stark wie der Marktdurchschnitt. Ein Beta oberhalb von 1 bedeutet, dass der Aktienkurs überdurchschnittlich stark schwankt bzw. eine überdurchschnittlich hohe Volatilität aufweist. Je höher der Beta-Wert einer Aktie, desto größer ist das Risiko der Aktie.

Bilanz
In der Betriebswirtschaft wird unter einer Bilanz der Vermögensvergleich eines Unternehmens zu einem bestimmten Zeitpunkt (Bilanzstichtag) verstanden. Während die Aktivseite der Bilanz Aufschluss über die Verwendung der Mittel gibt, dokumentiert die Passivseite die Herkunft der Mittel (Finanzierung). Aktiengesellschaften sind in Deutschland zur Bilanzierung verpflichtet (§ 238 Abs. 1 HGB).

Blue Chips
Umsatzstarke Aktien großer Aktiengesellschaften werden auch als Blue Chips bezeichnet. In Deutschland fallen darunter die im Deutschen Aktienindex (DAX) vertretenen 30 Aktiengesellschaften, wie zum Beispiel Daimler, Siemens, BASF und Ähnliche. In diesem Buch taucht auch ein Rabattmarkenunternehmen namens Blue Chip auf, an dem sich Warren Buffett beteiligte.

Board (of Directors)
Als Board (deutsch: Verwaltungsrat, Direktorium) wird in den USA das Verwaltungs- und Kontrollgremium einer Aktiengesellschaft bezeichnet. Dieses Gremium vereinigt in etwa die Aufgaben des Vorstands und des Aufsichtsrats einer deutschen Aktiengesellschaft. Der Board setzt sich aus mehreren Direktoren zusammen, die von den Aktionären gewählt werden.

Börse
Als Börse wird der Ort (Markt) bezeichnet, an dem Aktien (oder auch andere Waren) gehandelt werden. In Deutschland findet man neben den elektronischen Börsen Xetra und Tradegate auch noch die Frankfurter Börse sowie die Aktienbörsen Berlin, Düsseldorf, Hamburg-Hannover, München und Stuttgart. International bedeutsame Börsenplätze sind die New York, London und Tokyo Stock Exchange.

Börsenwert -> Marktkapitalisierung

Broker
Ein Broker ist ein Börsenmakler, der die Aktien seiner Kunden kauft und verkauft. Die gleiche Bezeichnung tragen aber auch Depot-Banken, die für ihre Kunden Wertpapiere verwalten und entsprechende Orders ausführen. Das gilt insbesondere für die Direktbanken, die die Aufträge ihrer Kunden per Telefon, Fax oder im Internet entgegennehmen und abwickeln.

Buffett, Warren
Warren Edward Buffett (*30. August 1930) ist ein US-amerikanischer Value-Investor und Milliardär. Er leitet die Investmentgesellschaft Berkshire Hathaway, deren A-Aktie die teuerste börsennotierte Aktie der Welt ist.

Buchwert
Der Buchwert ergibt sich aus der Bilanz eines Unternehmens und ist der Wert des auf die Unternehmensinhaber entfallenden Eigenkapitals. Rechnerisch ergibt sich der Buchwert aus der Differenz der gesamten Vermögenswerte eines Unternehmens (Aktiva) und der Verbindlichkeiten.

Bullenmarkt -> Hausse

Burggraben-Strategie
Die Burggraben-Strategie wurde u. a. von Warren Buffett entwickelt. Verfügt ein Unternehmen über einen für die Konkurrenten unüberwindbaren Wettbewerbsvorteil (Burggraben) kann dies ein Kaufargument sein. Ein Unternehmen, dessen Aktien Buffett wegen des »unüberwindbaren Burggrabens« gekauft hat, ist Coca-Cola. Den Burggraben bildete dabei die Marke Coca-Cola.

Cashflow
Der Cashflow (deutsch: Geldzufluss) ist ein Maßstab für die Liquidität eines Unternehmens. Der Cashflow ergibt sich aus der Differenz der Einzahlungen und der Auszahlungen eines Unternehmens.

Chairman
Der Chairman ist Vorsitzende/Präsident einer Aktiengesellschaft.

Chartanalyse
Die Chartanalyse (deutsch: Analyse des Kursverlaufs) – auch Technische Analyse genannt – bewertet die Entwicklung von Aktien mithilfe ihres bisherigen Kursverlaufs. Auf Basis des historischen Kursverlaufs werden Rückschlüsse auf die zukünftige Entwicklung des Aktienkurses getroffen.

Convertible Bond -> Wandelanleihe

Depot
Bei einem (Wertpapier-)Depot handelt es sich um ein Konto, auf dem Wertpapiere (Aktien, Fonds, Optionsscheine und Ähnliches) gelagert werden. Depots werden von Banken und Finanzdienstleistern geführt.

Deutscher Aktienindex (DAX)
Der Deutsche Aktienindex setzt sich aus den 30 größten und umsatzstärksten deutschen Aktien zusammen. Er wird als Leitindex für die Entwicklung des deutschen Aktienmarktes genutzt. Der DAX ist ein Performance-Index, d.h. bei der Berech-

nung des DAX werden Kapitalveränderungen und Dividenden miteinbezogen. Die Zusammensetzung des DAX 30 wird regelmäßig überprüft und ggf. korrigiert.

Diversifizierung
Um das Risiko eines Kapitalverlustes zu begrenzen, wird empfohlen, als Anleger das vorhandene Kapital auf verschiedene Aktien oder Anlageformen (Aktien, Anleihen, Fonds) zu verteilen und darauf zu achten, dass diese Anlageformen nicht alle gleich auf verschiedene Börsenszenarien reagieren. Dieser Vorgang nennt sich Diversifizierung. Warren Buffett allerdings hat wiederholt vor einer allzu weitreichenden Diversifizierung gewarnt, weil diese die Performance verwässert.

Dividende
Dividenden sind Gewinnbeteiligungen, die auf der Hauptversammlung (HV) einer Aktiengesellschaft beschlossen und bei deutschen Aktiengesellschaften in der Regel am dritten Werktag nach der HV an die Aktionäre ausgezahlt werden. In Deutschland wird die Dividende üblicherweise einmal pro Jahr ausgeschüttet. In den USA erfolgt die Dividendenausschüttungen üblicherweise viermal im Jahr. Maßgeblich sind dabei bestimmte Stichtage (record dates), zu denen ein Aktionär die jeweilige Aktie im Depot gehalten haben muss.

Dividendenrendite
Die Dividendenrendite ist eine Finanzkennziffer, die den Dividendenbetrag einer Aktiengesellschaft in Relation zum Kurswert setzt. Die aktuelle Dividendenrendite der DAX-Werte liegt zwischen 0 und 5 Prozent.

Dividendenrendite = Dividende / Aktienkurs x 100 Prozent

Dodd, David
David Dodd (*23. August 1895, †18 September 1988) war ein US-amerikanischer Ökonom und Investor. Er entwickelte zusammen mit Benjamin Graham an der Columbia University die Anlagestrategie des -> Value Investing.

Dow Jones (Industrial Average)
Der Dow Jones Industrial Average, kurz Dow Jones genannt, ist ein US-amerikanischer Aktienindex. Er ist einer der ältesten Aktienindizes der Welt und wurde 1884 von Charles Dow zusammengestellt. Er umfasst 30 der größten US-Aktienunternehmen. Der Dow Jones ist ein -> Kursindex.

Effizienzmarkt-Hypothese
Laut Effizienzmarkt- bzw. Markteffizienz-Hypothese (engl. efficient market hypothesis – kurz: EMH) sind Finanzmärkte vollkommene (effiziente) Märkte. Sämtliche Marktinformationen stehen allen Teilnehmer innerhalb kürzester Zeit zur Verfügung. Das führt dazu, dass sich die Preise (Aktienkurse) auf den Finanzmärkten im-

mer im Gleichgewicht befinden. Das hat laut Vertretern dieser Hypothese zur Folge, dass an den Finanzmärkten langfristig keine überdurchschnittlichen Gewinne zu erzielen sind. Die unter anderem vom US-amerikanischen Nobelpreisträger Eugene Fama aufgestellte Effizienzmarkt-Hypothese ist in der Praxis von Value-Investoren, wie zum Beispiel Warren Buffett und Benjamin Graham, widerlegt worden.

Eigenkapital
Das Eigenkapital eines Unternehmens ist das Vermögen des Unternehmens abzüglich der Schulden. Anders ausgedrückt handelt es sich beim Eigenkapital um das Kapital, das die Gründer aus eigenen Mitteln in ihr Unternehmen eingebracht haben zzgl. den im Unternehmen belassenen erwirtschafteten Gewinnen. Das Gegenstück zum Eigenkapital ist das -> Fremdkapital.

Eigenkapitalquote
Die Eigenkapitalquote ist eine Finanzkennziffer, die das Verhältnis von Eigenkapital am Gesamtkapital eines Unternehmens (= Bilanzsumme) abbildet. Sie gibt Auskunft über die Kapitalstruktur und damit über die Kreditwürdigkeit eines Unternehmens. Die Eigenkapitalquote ist sehr branchenabhängig. Ende 2015 lag die durchschnittliche Eigenkapitalquote in deutschen Unternehmen bei ca. 30 Prozent.

Eigenkapitalquote = Eigenkapital / Gesamtkapital x 100 Prozent

Eigenkapitalrendite
Die Eigenkapitalrendite – auch Eigenkapitalrentabilität genannt – ist eine Finanzkennziffer, die Informationen darüber gibt, wie hoch sich das Eigenkapital eines Unternehmens im Betrachtungszeitraum verzinst hat.

Eigenkapitalrendite = Gewinn / Eigenkapital

Emittent
Als Emittent wird der Herausgeber von Wertpapieren (zum Beispiel Unternehmen, Banken, Versicherungen, Staaten) bezeichnet.

Ex-Tag
An der Dividendenausschüttung werden nur die Aktionäre beteiligt, die vor dem Ex-Tag Aktien des ausschüttenden Unternehmens besessen haben. Der Ex-Tag ist in Deutschland in der Regel der Tag nach der Hauptversammlung, in der die Höhe der Dividende beschlossen wird.

Finanzkennziffern
Betriebswirtschaftliche Kennzahlen, die zur Bewertung des wirtschaftlichen Erfolgs eines Unternehmens herangezogen werden, wie zum Beispiel -> Dividendenrendite, -> Eigenkapitalquote, -> Eigenkapitalrendite, -> Kurs-Gewinn-Verhältnis, -> Kurs-Buchwert-Verhältnis, -> Kurs-Cashflow-Verhältnis, -> Kurs-Umsatz-Verhältnis.

Finanzmarktanalyse -> Wertpapieranalyse

Fisher, Phil
Philip Arthur Fisher (*8. September 1907; †11. März 2004) war erfolgreicher Vermögensverwalter und Autor des 1958 erschienenen Bestsellers »Common Stocks and Uncommon Profits«. 1931 gründete er seine Investmentgesellschaft Fisher & Co., die er bis 1999 sehr erfolgreich leitete. Fisher gilt als einer der Väter des -> Growth Investing. Dieser Investment-Ansatz berücksichtigt insbesondere die Wachstumsperspektiven eines Unternehmens (dauerhafte Weiterentwicklung, Integrität des Managements) als Entscheidungsfaktoren beim Kauf von Aktien. Fisher ist ebenfalls bekannt dafür, dass er Aktien über lange Zeiträume hielt.

Float
Als Float bezeichnet man frei verfügbares Kapital eines Unternehmens. In der Regel sammelt sich solches Kapital dann in einem Unternehmen an, wenn regelmäßig bestimmte Kundenentgelte eingezahlt werden für eine Leistung, die erst später bezogen wird (zum Beispiel bei Versicherungen).

Free Float -> Streubesitz

Fokus-Investing
Unter Fokus-Investing wird die Konzentration (Fokussierung) eines -> Depots auf wenige Aktien verstanden. Bekannte Fokus-Investoren sind zum Beispiel Warren Buffett, Charlie Munger, Phil Fisher und Bill Ruane. Fokus-Investing steht damit in einem gewissen Gegensatz zu einem stark diversifizierten Investment-Ansatz (-> Diversifikation).

Fonds -> Aktienfonds

Fremdkapital
Fremdkapital setzt sich zusammen aus Verbindlichkeiten und Rückstellungen eines Unternehmens. Anders formuliert handelt es sich um Kapital, welches einem Unternehmen von externen Kapitalgebern – zum Beispiel in Form von Krediten, Hypotheken und Lieferantenkrediten – zur Verfügung gestellt wird oder das ein Unternehmen in seiner Bilanz für künftige Verbindlichkeiten reserviert. Das Gegenstück zum Fremdkapital ist das -> Eigenkapital.

Fundamentalanalyse
Im Rahmen der Fundamentalanalyse werden Aktien bzw. Unternehmen auf Basis ihrer betriebswirtschaftlichen Fundamentaldaten – wie zum Beispiel Bilanzzahlen, Kurs-Gewinn-Verhältnis, Dividendenrendite – bewertet. Hierzu werden die gängigen -> Finanzkennziffern berechnet und interpretiert. Eine Variante der Fundamentalanalyse ist das -> Value Investing.

Fusion
Zusammenschluss von zwei oder mehreren vorher selbstständigen Unternehmen.

Futures
Futures (deutsch: Terminkontrakte) sind Verträge, in der der Kauf bzw. Verkauf einer festgelegten Menge an Waren, zu einem konkreten Preis und zu einem bestimmten Datum in der Zukunft vereinbart werden. Futures über Aktien werden dabei als Finanzterminkontrakte bzw. financial futures bezeichnet.

Gesamtkapitalrendite
Die Gesamtkapitalrendite ist eine Finanzkennziffer und dokumentiert die Verzinsung des gesamten eingesetzten Kapitals (-> Eigenkapital zzgl. -> Fremdkapital) eines Unternehmens. Eine Gesamtkapitalrendite von 10 Prozent besagt, dass ein Unternehmen für 100 Euro Gesamtkapitaleinsatz 10 Euro Gewinn erhält.

Gesamtkapitalrendite = Gewinn + Fremdkapitalzinsen / Gesamtkapital x 100 Prozent

Gottesman, Sandy
David Sanford (Sandy) Gottesman (*26. April 1926 in New York) ist ein erfolgreicher amerikanischer Investmentberater. 1964 gründete er die Investmentberatung First Manhattan Co. in New York. Schon frühzeitig investierte er in -> Berkshire Hathaway und wurde 2003 in den Verwaltungsrat (Board of Directors) einberufen. Gottesman lebt in Rye/New York.

Graham, Benjamin
Benjamin Graham (*09. Mai 1894, †21 September 1976) war ein US-amerikanischer Ökonom und Investor. Er entwickelte zusammen mit David Dodd an der Columbia University in New York die -> Fundamentalanalyse, wo Warren Buffett einer seiner Studenten war.

Große Depression
Die Große Depression (engl. Great Depression) wurde durch einen Crash der US-Börsen am 24. Oktober 1929 (sog. Black Friday) ausgelöst. Dieser Börsencrash löste eine Weltwirtschaftskrise aus, die bis in die späten 30er-Jahre andauerte.

Growth Investment
Growth-Anleger investieren in Unternehmen mit hohem Gewinnwachstum. Beim Growth Investment werden insbesondere die Wachstumsperspektiven eines Unternehmens (dauerhafte Weiterentwicklung, Integrität des Managements) als Entscheidungsfaktoren beim Kauf von Aktien herangezogen. Einer der Väter des Growth-Investment ist Phil Fisher.

Hauptversammlung
Die Hauptversammlung ist eine gesetzlich vorgeschriebene Aktionärsversammlung, zu der alle Halter von Stammaktien eines Unternehmens vom Vorstand eigeladen werden müssen. Die Hauptversammlung findet jährlich statt. Aus besonderen Gründen kann auch eine außerordentliche Hauptversammlung einberufen werden. In

einer Hauptversammlung werden Vorstand und Aufsichtsrat beziehungsweise der Verwaltungsrat einer Aktiengesellschaft entlastet, die Gewinnverwendung bestimmt, Satzungsänderungen beschlossen, Abschlussprüfer bestimmt und über wichtige unternehmenspolitische Entscheidungen (zum Beispiel Kapitalerhöhungen, Übernahmen) abgestimmt.

Hausse
Phasen mit dauerhaft steigenden Börsenkursen werden als Hausse oder auch Bullenmarkt bezeichnet.

Heuschrecke
Als Heuschrecken werden Investoren bezeichnet, die bei ihren Investitionen nur auf eine schnelle Rendite aus sind. Solche Investoren fallen über ein übernommenes Unternehmen her, wie ein Schwarm von Heuschrecken.

Holding
Eine Holding – oder auch Holdinggesellschaft – ist ein Unternehmen, das Beteiligungen an anderen Unternehmen hält.

Indexfonds
-> Aktienfonds, die einen Aktienindex (zum Beispiel DAX, Dow Jones) abbilden.

Innerer Wert
Der innere Wert eines Unternehmens ist ein Begriff aus dem -> Value Investing. Er stellt den auf Basis einer Bilanzanalyse bzw. von Finanzkennzahlen errechneten, angemessenen Wert eines Unternehmens dar. Ist dieser Wert – unter Berücksichtigung einer Sicherheitsmarge – höher als der aktuelle Kurswert des Unternehmens, lohnt sich der Aktienkauf.

Institutioneller Imperativ
Beim institutionellen Imperativ handelt es sich – frei übersetzt – um den sogenannten Herdentrieb. Dieser besagt, dass unternehmerische Entscheidungen häufig nicht aus ökonomischen Gründen getroffen werden, sondern weil sie von der Konkurrenz beziehungsweise von der Mehrheit der Handelnden vorgemacht werden.

Investmentfonds -> Fonds

Junkbonds
Bei Junkbonds (deutsch: Schrottanleihen) handelt es sich um Anleihen mit hoher Ausfallwahrscheinlichkeit. Diese werden von Unternehmen herausgegeben, die in wirtschaftlichen Schwierigkeiten stecken und daher bei den Banken keine Kredite mehr erhalten können. Aufgrund der hohen Ausfallwahrscheinlichkeit und dem damit verbundenen Risiko sind Junkbonds in der Regel mit einer hohen Verzinsung versehen.

Juristische Person
Bei einer juristischen Person handelt es sich um Organisationen (Unternehmen und öffentlich-rechtliche Institutionen) und Stiftungen, die über eine eigene Rechtsfähigkeit verfügen. Damit sind sie juristisch gesehen den -> natürlichen Personen gleichgestellt. So ist zum Beispiel die Aktiengesellschaft (aber auch die GmbH oder der eingetragene Verein) eine juristische Person.

Kapital
Das Kapital eines Unternehmens setzt sich aus dem Eigen- und dem Fremdkapital zusammen. Es wird in der Bilanz als Passiva abgebildet.

Kurs-Gewinn-Verhältnis (KGV)
Das Kurs-Gewinn-Verhältnis (KGV) ist eine Finanzkennziffer, die zeigt, beim Wievielfachen des aktuellen Gewinns der Aktienkurs eines Unternehmens liegt. Das KGV ist eine der meistgebrauchten Kennziffern zur Aktienbewertung. Bei Verlusten ist das KGV jedoch nicht aussagefähig. In solchen wird das -> Kurs-Cashflow-Verhältnis als Maßstab genommen. DAX-Werte haben historisch betrachtet ein durchschnittliches KGV von etwa 15. Aktien mit deutlich niedrigerem KGV gelten als günstig.

KGV = Aktienkurs / Gewinn je Aktie

Kursindex
Der Kursindex gibt – im Gegensatz zum Performance-Index – die reine Kursentwicklung einer Aktiengruppe wieder. Kapitalveränderungen und Dividenden werden – im Gegensatz zum -> Performanceindex – bei der Berechnung des Kursindexes nicht berücksichtigt.

Kurs-Buchwert-Verhältnis (KBV)
Das Kurs-Buchwert-Verhältnis KBV ist eine Finanzkennziffer zur Bewertung der Unternehmenssubstanz. Das KBV wird insbesondere von Value-Investoren wie Warren Buffett und Benjamin Graham zur Aktien- bzw. Unternehmensbewertung herangezogen. Je niedriger das KBV, desto günstiger sind die Aktien. Das KBV kommt insbesondere im -> Value Investing zur Anwendung.

KBV = Aktienkurs / Buchwert je Aktie

Kurs-Cashflow-Verhältnis (KCV)
Das Kurs-Cashflow-Verhältnis KCV ist eine liquiditätsorientierte Finanzkennziffer. Sie wird insbesondere bei Verlusten statt des Kurs-Gewinn-Verhältnisses angewandt, da das KGV bei Verlusten nicht aussagekräftig ist. Darüber hinaus ist das KCV weniger anfällig, was Maßnahmen der Unternehmensführung zum Schönen ihrer Bilanzen angeht. Je niedriger das KCV, desto preiswerter sind Aktien.

KCV = Aktienkurs / Cashflow je Aktie

Kurs-Umsatz-Verhältnis (KUV)
Das Kurs-Umsatz-Verhältnis KUV wird insbesondere zur Bewertung von Aktien genutzt, die Verluste schreiben. Auch bei besonders zyklischen Aktien – wie zum Beispiel bei Aktien von Industrieunternehmen, Großhändlern und Rohstofferzeugern, deren Gewinne stark von der konjunkturellen Entwicklung abhängen – ist das KUV ein häufig genutzter Bewertungsmaßstab. Unternehmen mit einem im Vergleich niedrigeren Kurs-Umsatz-Verhältnis gelten im Vergleich zu anderen Aktien derselben Branche als günstig.

KUV = Aktienkurs / Umsatz je Aktie

Leerverkäufe
Werden Aktien (und andere Wertpapiere, Waren oder Devisen) verkauft, ohne dass sie sich zum Zeitpunkt des Verkaufs im Eigentum des jeweiligen Marktteilnehmers befinden, spricht man von einem Leerverkauf (short sell). Leerverkäufe werden in der Regel getätigt, weil der Verkäufer darauf spekuliert, dass er die Papiere zu einem späteren Zeitpunkt günstiger kaufen kann.

Leveraged Buyout
Beim **Leveraged Buyout** handelt es sich um eine mit hohem Fremdkapitalanteil finanzierte Unternehmensübernahme. Der Cashflow des übernommenen Unternehmens wird dabei für die Schuldentilgung benutzt.

Markteffizienz-Hypothese -> Effizienzmarkt-Hypothese

Marktkapitalisierung
Unter Marktkapitalisierung (auch als Börsenwert bezeichnet) versteht man den Gesamtwert der Aktien eines börsennotierten Unternehmens. Die Marktkapitalisierung ist das Produkt aus dem aktuellen Aktienkurs und den umlaufenden Anteilen einer Aktiengesellschaft.

Munger, Charles Thomas
Charles Thomas Munger (*1. Januar 1924) ist ein US-amerikanischer Jurist und Value-Investor. Seit 1978 ist er stellvertretender Leiter (Chairman) der Investmentgesellschaft Berkshire Hathaway.

Natürliche Person
Das Rechtswesen bezeichnet Menschen als natürliche Personen. Sie besitzen Rechtsfähigkeit seit dem Zeitpunkt ihrer Geburt. Das Gegenstück zur natürlichen Person ist die -> juristische Person.

Obligationen
Bei Obligationen handelt es sich um festverzinsliche Wertpapiere (-> Anleihen oder Schuldverschreibungen). Obligationen werden zum Beispiel von Banken, Unternehmen und Kommunen herausgegeben.

Outperformer
Outperformer sind Wertpapiere, deren Kurs sich deutlich besser entwickelt als der Durchschnitt (gemessen am Branchendurchschnitt bzw. Index).

Performance-Index
Bei der Berechnung eines Performance-Index werden Kapitalveränderungen und Dividenden miteinbezogen. Ein Beispiel für einen Performance-Index ist der -> DAX. Das Gegenstück zum Performance-Index wird als -> Kursindex bezeichnet.

Portfolio
Das Portfolio (seltener auch: Portefeuille) ist der Gesamtbestand der Wertpapiere bzw. Fonds, die ein Anleger in seinem Vermögensbestand hält.

Portfoliotheorie
Die Portfoliotheorie besagt, dass in einem umfangreichen (diversifizierten) Portfolio Risiken einzelner Wertpapiere durch andere ausgeglichen werden können. Laut Portfoliotheorie kann es sich daher lohnen, eine Vielzahl unterschiedlicher Aktien in einem Depot zu halten (-> Diversifizierung). Entwickelt wurde die Portfoliotheorie durch den US-amerikanischen Wirtschaftsnobelpreisträger Harry M. Markowitz.

Rendite
Die Rendite einer Kapitalanlage ist der Zinssatz, bzw. die prozentuale Verzinsung der Einzahlungen, die ein Investor aus der jeweiligen Geldanlage erhält.

Risikokapital
Risikokapital (engl. Venture Capital) sind finanzielle Mittel, die in besonders riskante Vorhaben wie zum Beispiel Existenzgründungen investiert werden.

Ruane, Bill
William (Bill) John Ruane (*24. Oktober 1925, †4. Oktober 2005) war ein erfolgreicher US-amerikanischer Vermögensverwalter. Er studierte Wirtschaftswissenschaften an der Harvard Business School und arbeitete über 20 Jahre für die Bostoner Bank Kidder, Peabody & Co. 1969 gründete Ruane eine Investmentfirma und legte den Sequoia Fonds auf, an dem sich nach Auflösung der Buffett Partnership Limited einige der ehemaligen Geschäftspartner Buffetts auf dessen Empfehlung hin beteiligten. Der Sequoia Fonds war sehr erfolgreich und schlug den Standard & Poor's 500 deutlich.

Rückversicherer
Bei einem Rückversicherer bzw. Rückversicherungsunternehmen handelt es sich um ein Unternehmen, bei denen Versicherungen ihre Risiken absichern können. Sie werden daher auch als Versicherer der Versicherungen genannt. Beispiele für Rückversicherer sind die SwissRe, die Munich Re und die zu Berkshire Hathaway gehörende General Re.

SEC
Die Abkürzung SEC steht für United States Securities and Exchange Commission. Bei der SEC handelt es sich um die US-amerikanische Börsenaufsichtsbehörde mit Sitz in Washington D. C. Das deutsche Äquivalent ist die Bundesanstalt für Finanzdienstleistungsaufsicht (BaFin).

Sentimentanalyse
Bei der Sentimentanalyse (frei übersetzt: Stimmungsanalyse) handelt es sich um eine Finanzmarktanalyse, in der zur Einschätzung der Kursentwicklung auch die allgemeine Marktstimmung berücksichtigt wird. Die Handlungsempfehlungen der Sentimentanalyse basieren zum Beispiel auf Umfrageergebnissen, auf der Anzahl der Insider-Trades und/oder auf Medienberichten.

Sicherheitsmarge
Die Sicherheitsmarge bezeichnet einen Aufschlag, der das Risiko beim Aktienkauf ausgleichen soll. Value-Investoren errechnen zur Festlegung der Sicherheitsmarge den -> inneren Wert (Buchwert) eines Unternehmens bzw. einer Aktie. Aktien werden gekauft, wenn der Kurs der jeweiligen Aktien um die Sicherheitsmarge (zum Beispiel um 20 oder 25 Prozent) niedriger liegt als der berechnete innere Wert.

Split -> Aktiensplit

Spread
Der Spread ist die Differenz zwischen Kauf- und Verkaufskurs eines Wertpapiers an der Börse.

Stammaktien
Stammaktien sind Aktien, deren Inhaber ein Stimmrecht auf der Hauptversammlung haben. Aktien ohne Stimmrecht werden als -> Vorzugsaktien bezeichnet. In den USA gibt es Vergleichbares mit der Emission von A-Aktien (mit Stimmrecht) und B-Aktien (ohne Stimmrecht).

Standard & Poor's 500 (S&P 500)
Der Standard & Poor's 500 (S&P 500) ist ein Index, der den US-amerikanischen Markt widerspiegelt. Zu seiner Berechnung werden die Kurse der 500 größten Aktiengesellschaften der USA herangezogen. Er ist damit ein genaueres Abbild der US-Wirtschaft als der Dow Jones.

Stockpicker
Stockpicker sind Personen, die gezielt einzeln Aktien kaufen, um damit eine überdurchschnittliche Rendite zu erzielen. Das Gegenteil von Stockpicking ist das Investment in den Gesamtmarkt, zum Beispiel durch Kauf von -> Indexfonds.

Streubesitz
Die Menge der an Börsen gehandelten Aktien eines Unternehmens wird als Streubesitz (engl. Free Float) bezeichnet. Die von Großanlegern gehaltenen Aktienpakete eines Unternehmens gehören nicht zum Streubesitz.

Technische Analyse -> Chartanalyse

Terminkontrakte -> Futures

Trader
Trader (deutsch: Händler) sind Spekulanten, die kurzfristig Wertpapiere kaufen und verkaufen, um in einem volatilen Umfeld Kursschwankungen auszunutzen.

Turnaround
Unter Turnaround (engl. für umdrehen) wird die erfolgreiche Wende eines krisengeschüttelten Unternehmens zurück in die Gewinnzone bezeichnet.

Übernahmeangebot
Übernahmeangebote sind Angebote, die auf den Erwerb der Kontrolle einer Aktiengesellschaft gerichtet sind. Die Kontrolle einer AG wird ab einer Quote von 30 Prozent der Stimmrechte an der Zielgesellschaft erreicht.

Übernahme, feindliche
Ein öffentliches Übernahmeangebot an die Aktionäre – ohne vorherige Absprache mit den Vorstand, Aufsichtsrat und Belegschaft eines Unternehmens – wird als feindliche Übernahme bezeichnet. In der Praxis werden solche (feindlichen) Übernahmeangebote häufig nachgebessert und häufig von den Organen des Übernahmekandidaten akzeptiert.

Übernahme, freundliche
Wird ein Übernahmeangebot vor der Veröffentlichung mit allen Organen eines Unternehmens abgesprochen/verhandelt und kommt es schließlich zu einer Einigung, spricht man von einer freundlichen Übernahme.

US Supreme Court
Der US Supreme Court ist der oberste Gerichtshof der Vereinigten Staaten mit Sitz in Washington D. C.

Value Investing
Das Value Investing (wertorientiertes Investieren) ist ein Ansatz der Wertpapieranalyse, der eine Variante der -> Fundamentalanalyse darstellt. Value-Investoren investieren in Unternehmen, deren Preis (=Aktienkurs) deutlich unter dem inneren Wert (engl. intrinsic value) des Unternehmens liegt. Diese Unternehmen sind in der Regel gekennzeichnet durch ein niedriges Kurs-Gewinn-Verhältnis und eine über-

durchschnittliche Dividendenrendite. Ziel der Value-Investoren ist es, unterbewertete Unternehmen auszumachen und in diese Unternehmen zu investieren. Entwickelt wurde das Value Investing von den US-Wirtschaftswissenschaftlern Benjamin Graham und David Dodd in den 30er-Jahren des 20. Jahrhundert. Die bekanntesten Value-Investoren sind Benjamin Graham, Warren Buffett und Charlie Munger.

Venture Capital
-> Risikokapital

Verbindlichkeiten
Unter Verbindlichkeiten wird die Summe der offenen finanziellen Verpflichtungen eines Unternehmens zusammengefasst. Hierunter fallen zum Beispiel Bankkredite, vom jeweiligen Unternehmen emittierte Anleihen und Anzahlungen von Kunden auf eine noch nicht erbrachte Leistung. Die Verbindlichkeiten eines Unternehmens müssen auf der Passivseite der Jahresbilanz ausgewiesen werden (§ 246 HGB).

Volatilität
Die Volatilität bezeichnet die Standardabweichung einer Aktie (Schwankungsbreite) über einen Betrachtungszeitraum. Anders ausgedrückt heißt das, Aktien mit hoher Volatilität (gemessen in -> Beta) verzeichnen hohe Kursschwankungen.

Vorstand
Der Vorstand ist eines von drei Organen einer Aktiengesellschaft. Hauptaufgabe des Vorstands einer AG ist die Leitung sowie die gerichtliche und außergerichtliche Vertretung des Unternehmens. Die Vorstandsmitglieder werden vom Aufsichtsrat bestellt.

Vorzugsaktien
Vorzugsaktien (auch: Vorzüge) sind mit einem »Vorzug bei der Verteilung des Gewinns« (§ 139 AktG), also mit einer höheren Dividende als -> Stammaktien ausgestattet. Allerdings sind Inhaber von Vorzugsaktien auf der Hauptversammlung nicht stimmberechtigt (§ 140 AktG).

Wandelanleihe
Wandelanleihen (Convertible Bonds) sind festverzinsliche Wertpapiere, die von Aktiengesellschaften zur Fremdfinanzierung herausgegeben werden können. Der Käufer hat die Möglichkeit, die Wandelanleihen während einer festen Laufzeit in Aktien des -> Emittenten umzutauschen (bzw. zu wandeln) oder die -> Anleihen am Ende der Laufzeit gegen einen festgelegten Zins zurückzugeben.

Wertpapieranalyse
Unter dem Begriff Wertpapieranalyse wird die systematische Untersuchung/Analyse des Wertpapiermarkts zusammengefasst. Ergebnis der Wertpapieranalysen sind

Kauf-, Halte- und Verkaufsempfehlungen für einzelne Wertpapiere. In der Praxis werden drei Arten der Wertpapieranalyse unterschieden: Die -> Fundamentalanalyse untersucht die betriebswirtschaftlichen Kennzahlen eines Unternehmens und entwickelt daraus Handlungsempfehlungen. In der -> Chartanalyse wird der bisherige Kursverlauf eines Wertpapiers analysiert und daraus werden Rückschlüsse für die zukünftige Entwicklung der Aktie gezogen. Die -> Sentimentanalyse untersucht die Stimmung der Investoren am Markt und leitet daraus Handlungsempfehlungen ab.

Zigarrenstummel-Methode
Der Begriff der Zigarettenstummel-Methode (cigar butt method) wurde von Warren Buffett geprägt für die Art und Weise, wie sein Mentor und früherer Arbeitgeber Benjamin Graham seine Aktien auswählte. Gemeint ist der Kauf von Aktien eines Unternehmens, das einem weggeworfenen Zigarettenstummel gleichkommt, das heißt, noch einen letzten kostenlosen Zug verspricht, für den fast nichts bezahlt werden muss.

ANMERKUNGEN

1 Lowe, Janet, Damn right! Behind the Scenes with Berkshire Hathaway Billionaire Charlie Munger, New York 2000, S. 19.

2 Lowe, Janet, Damn right! Behind the Scenes with Berkshire Hathaway Billionaire Charlie Munger, New York 2000, S.28.

3 Rede von Charles Munger beim Festessen zum 75. Jubiläum von See's, Los Angeles im März 1998.

4 Dorr, Robert, Ex-Omahan Traded Law for Board Room, in: Omaha World Herald vom 31.08.1977.

5 Dorr, Robert, Ex-Omahan Traded Law for Board Room, in: Omaha World Herald vom 31.08.1977.

6 Lowe, Janet, Damn right! Behind the Scenes with Berkshire Hathaway Billionaire Charlie Munger, New York 2000, S 34.

7 Lowe, Janet, Damn right! Behind the Scenes with Berkshire Hathaway Billionaire Charlie Munger, New York 2000, S 36.

8 Lowe, Janet, Damn right! Behind the Scenes with Berkshire Hathaway Billionaire Charlie Munger, New York 2000, S 36.

9 Department of Commerce, Income of Families and Persons in the United States: 1949, in: Current Population Reports – Consumer Income, Washington 1951, S.1.

10 arscapital.wordpress.com/2017/07/08/about-charlie-munger/

11 Lowe, Janet, Damn right! Behind the Scenes with Berkshire Hathaway Billionaire Charlie Munger, New York 2000, S 59.

12 Lowe, Janet, Damn right! Behind the Scenes with Berkshire Hathaway Billionaire Charlie Munger, New York 2000, S 42.

13 Schroeder, Alice, Warren Buffett – Das Leben ist wie ein Schneeball, München 2010, S. 279.

14 Lowe, Janet, Damn right! Behind the Scenes with Berkshire Hathaway Billionaire Charlie Munger, New York 2000, S 44.

15 Schroeder, Alice, Warren Buffett – Das Leben ist wie ein Schneeball, München 2010, S. 279.

16 Lowenstein, Roger, Buffett – Die Geschichte eines amerikanischen Kapitalisten, Kulmbach 2009, S. 138.

17 Lowe, Janet, Damn right! Behind the Scenes with Berkshire Hathaway Billionaire Charlie Munger, New York 2000, S 73.

18 Schroeder, Alice, Warren Buffett – Das Leben ist wie ein Schneeball, München 2010, S. 281.

19 Lowe, Janet, Damn right! Behind the Scenes with Berkshire Hathaway Billionaire Charlie Munger, New York 2000, S 76 f.

20 Charles Munger in einer Rede auf der Wesco-Hauptversammlung im Mai 1991.

21 Alternativ wird diese Investorenrunde in der Literatur auch als Buffett-Runde bezeichnet. Buffett nennt diese Gruppe einfach »our group«.

22 Lowenstein, Roger, Buffett – Die Geschichte eines amerikanischen Kapitalisten, Kulmbach 2009, S. 139 f.

23 Lowe, Janet, Damn right! Behind the Scenes with Berkshire Hathaway Billionaire Charlie Munger, New York 2000, S 63.

24 Lowe, Janet, Damn right! Behind the Scenes with Berkshire Hathaway Billionaire Charlie Munger, New York 2000, S 68.

25 Lowe, Janet, Damn right! Behind the Scenes with Berkshire Hathaway Billionaire Charlie Munger, New York 2000, S 101.

26 Schroeder, Alice, Warren Buffett – Das Leben ist wie ein Schneeball, München 2010, S. 307.

27 https://www.mto.com/about-us

28 Lowe, Janet, Damn right! Behind the Scenes with Berkshire Hathaway Billionaire Charlie Munger, New York 2000, S 96.

29 Wathen, Jonathan, How Charlie Munger Turned a Single $1,000 Investment Into $100,000 a Year, in: The Motley Fool vom 02.03.2016.

30 Lowe, Janet, Damn right! Behind the Scenes with Berkshire Hathaway Billionaire Charlie Munger, New York 2000, S 99.

31 Schroeder, Alice, Warren Buffett – Das Leben ist wie ein Schneeball, München 2010, S. 310.

32 Schroeder, Alice, Warren Buffett – Das Leben ist wie ein Schneeball, München 2010, S. 310.

33 Lowenstein, Roger, Buffett – Die Geschichte eines amerikanischen Kapitalisten, Kulmbach 2009, S. 140.

34 Schroeder, Alice, Warren Buffett – Das Leben ist wie ein Schneeball, München 2010, S. 350 ff.

35 Zeugenaussage von Charlie Munger im Fall Blue Chip Stamps, Berkshire Hathaway Inc., HQ-784 vom 20.03.1975, S. 187.

36 Hagstrom, Robert G., Warren Buffett – Sein Weg, Seine Methoden, Seine Strategie, Kulmbach 2017, S. 86 f.

37 Lowenstein, Roger, Buffett – Die Geschichte eines amerikanischen Kapitalisten, Kulmbach 2009, S. 288.

38 Hagstrom, Robert G., Warren Buffett – Sein Weg, Seine Methoden, Seine Strategie, Kulmbach 2017, S. 85.

39 Lowe, Janet, Damn right! Behind the Scenes with Berkshire Hathaway Billionaire Charlie Munger, New York 2000, S. 217.

40 Lowe, Janet, Damn right! Behind the Scenes with Berkshire Hathaway Billionaire Charlie Munger, New York 2000, S. 102 f.

41 Santry, David, Shareholder Heaven at New America Fund, in: Business Week vom 03.12.1979, S. 103.

42 Schroeder, Alice, Warren Buffett – Das Leben ist wie ein Schneeball, München 2010, S. 543 ff und www.thebuffett.com

43 Lowenstein, Roger, Buffett – Die Geschichte eines amerikanischen Kapitalisten, Kulmbach 2009, S. 304.

44 Lowe, Janet, Damn right! Behind the Scenes with Berkshire Hathaway Billionaire Charlie Munger, New York 2000, S. 103.

45 Lowe, Janet, Damn right! Behind the Scenes with Berkshire Hathaway Billionaire Charlie Munger, New York 2000, S. 106.

46 Lowe, Janet, Damn right! Behind the Scenes with Berkshire Hathaway Billionaire Charlie Munger, New York 2000, S. 146 f.

47 Kilpatrick, Andrew, Of Permanent Value: The Story of Warren Buffett, Birmingham 1998, S. 679.

48 Schroeder, Alice, Warren Buffett – Das Leben ist wie ein Schneeball, München 2010, S. 560.

49 Lowe, Janet, Damn right! Behind the Scenes with Berkshire Hathaway Billionaire Charlie Munger, New York 2000, S. 149.

50 Munger, Charles, in: Brief an die Aktionäre von Blue Chip Stamps vom 25.03.1980 (http://www.valuewalk.com/wp-content/uploads/2014/08/blue-chip-stamps.pdf)

51 Munger, Charles, in: Brief an die Aktionäre von Wesco vom 13.03.1998 (http://www.berkshirehathaway.com/wesco/cm1997.pdf)

52 Lowe, Janet, Damn right! Behind the Scenes with Berkshire Hathaway Billionaire Charlie Munger, New York 2000, S. 158.

53 Rasmussen, Jim, Berkshire Unit to Shed Mutual S&L, in: Omaha World Herold vom 22.04.1993, S. 18.

54 Lowe, Janet, Damn right! Behind the Scenes with Berkshire Hathaway Billionaire Charlie Munger, New York 2000, S. 71.

55 Munger, Charles, in: Brief an die Aktionäre von Wesco vom 05.03.2001 (http://www.berkshirehathaway.com/wesco/cm2000.pdf)

56 Lowe, Janet, Damn right! Behind the Scenes with Berkshire Hathaway Billionaire Charlie Munger, New York 2000, S. 160.

57 Lowe, Janet, Damn right! Behind the Scenes with Berkshire Hathaway Billionaire Charlie Munger, New York 2000, S. 162.

58 Lowe, Janet, Damn right! Behind the Scenes with Berkshire Hathaway Billionaire Charlie Munger, New York 2000, S. 162.

59 https://de.wikipedia.org/wiki/Wesco_Financial#cite_note-7

60 Maxfield, John, How Charlie Munger Transformed the Daily Journal – In 2 Charts, in: The Motley Fool vom 17.02.2016.

61 Maxfield, John, How Charlie Munger Transformed the Daily Journal – In 2 Charts, in: The Motley Fool vom 17.02.2016.

62 Munger, Charlie, University of California, Santa Barbara 2003 (zitiert in Griffin S. 123)

63 Munger, Charlie, University of Southern California Business School 1994 (zitiert in Griffin S. 114)

64 Munger, Charlie, Berkshire Hauptversammlung 2000 (zitiert in Griffin S. 173)

65 Munger, Charlie, University of Southern California Business School 1994 (zitiert in Griffin S. 202)

66 Munger, Charlie, University of California, Santa Barbara 2003 (zitiert in Griffin S. 44)

67 Lowe, Janet, Damn right! Behind the Scenes with Berkshire Hathaway Billionaire Charlie Munger, New York 2000, S. 122.

68 Griffin, Tren, Charlie Munger – Ich habe dem nichts mehr hinzuzufügen, München 2016, S. 14.

69 Lowe, Janet, Damn right! Behind the Scenes with Berkshire Hathaway Billionaire Charlie Munger, New York 2000, S.175.

70 Munger und Buffett in einem CNBC Interview vom 04.05.2014. https://de.scribd.com/document/222137086/CNBC-Transcript-Warren-Buffett-Bill-Gates-and-Charlie-Munger-May-5-2014

71 Munger, Charlie, A Lesson on Elementary, Worldly Wisdom As It Relates To Investment Management & Business, Rede an der University of Southern California Marshall School of Business, Los Angeles 1994 (http://old.ycombinator.com/munger.html)

72 Griffin, Tren, Charlie Munger – Ich habe dem nichts mehr hinzuzufügen, München 2016, S. 19.

73 Munger, Charlie, Rede auf dem Frühstückstreffen des Philanthropy-Round-Table, September 2009. (http://mungerisms.blogspot.de/2009/09/philanthropy-round-table.html)

74 Lowe, Janet, Damn right! Behind the Scenes with Berkshire Hathaway Billionaire Charlie Munger, New York 2000, S.78.

75 Graham, Benjamin und Dodd, David, Die Geheimnisse der Wertpapieranalyse, München 2016, S.34f.

76 Graham, Benjamin und Dodd, David, Die Geheimnisse der Wertpapieranalyse, München 2016, S.36.

77 Warren Buffett auf der Berkshire Hauptversammlung 2003.

78 Montier, James, The Seven Immmutable Laws of Investment, The Big Picture 2011.

79 Munger, Charlie, A Lesson on Elementary, Worldly Wisdom As It Relates To Investment Management & Business, Rede an der University of Southern California, Marshall School of Business, Los Angeles 1994. (http://old.ycombinator.com/munger.html)

80 Charlie Munger auf der Wesco-Hauptversammlung 2002.

81 Charlie Munger auf der Wesco-Hauptversammlung 2003.

82 Lowe, Janet, Damn right! Behind the Scenes with Berkshire Hathaway Billionaire Charlie Munger, New York 2000, S. 78.

83 Munger, Charlie, A Lesson on Elementary, Worldly Wisdom As It Relates To Investment Management & Business, Rede an der University of Southern California Marshall School of Business, Los Angeles 1994 (http://old.ycombinator.com/munger.html)

84 Buffett, Warren, The Secrets of See's Candies, in: Fortune 2012.

85 Munger, Charlie, Interview mit Kiplinger's Steven Goldberg 2005. (http://mungerisms.blogspot.de/2009/09/munger-speaks-with-kiplingers-steven.html)

86 Charlie Munger auf der Berkshire Hauptversammlung 2006.

87 Charlie Munger auf der Wesco Hauptversammlung 2002.

88 Charlie Munger auf der Wesco Hauptversammlung 2002.

89 Munger, Charlie, A Lesson on Elementary, Worldly Wisdom As It Relates To Investment Management & Business, Rede an der University of Southern California Marshall School of Business, Los Angeles 1994 (http://old.ycombinator.com/munger.html)

90 Munger, Charlie, University of Southern California 2007.

91 Charlie Munger auf der Berkshire Hauptversammlung 2004.

92 Munger, Charlie, Poor Charlie's Almanack, Marceline 2005.

93 Charlie Munger auf der Berkshire Hauptversammlung 2004.

94 Charlie Munger auf der Hauptversammlung 2002.

95 Charlie Munger auf der Wesco Hauptversammlung 2011.

96 Charlie Munger auf der Berkshire Hauptversammlung 2011.

97 Munger, Charlie, Poor Charlie's Almanack, Marceline 2005.

98 Munger, Charlie, Harvard University 1995 (zitiert in Griffin S. 97)

99 Lowe, Janet, Damn right! Behind the Scenes with Berkshire Hathaway Billionaire Charlie Munger, New York 2000, S. 168.

100 Munger, Charlie, Berkshire Hauptversammlung 2000.

101 Schroeder, Alice, Warren Buffett – Das Leben ist wie ein Schneeball, München 2010, S. 948.

102 Letter to the Shareholders of Berkshire Hathaway Inc. 1992 vom 28.02.1997.

103 Charlie Munger auf der Berkshire Hauptversammlung 2012.

104 https://de.wikipedia.org/wiki/Berkshire_Hathaway

105 Munger, Charlie, A Lesson on Elementary, Worldly Wisdom As It Relates To Investment Management & Business, Rede an der University of Southern California Marshall School of Business, Los Angeles 1994 (http://old.ycombinator.com/munger.html)

106 Letter to the Shareholders of Berkshire Hathaway Inc. 1996 vom 28.02.1997.

107 Lowe, Janet, Damn right! Behind the Scenes with Berkshire Hathaway Billionaire Charlie Munger, New York 2000, S 59.

108 Charlie Munger auf der Wesco Hauptversammlung 2010.

109 Munger, Charlie, Interview mit Kiplinger's Steven Goldberg 2005. (http://mungerisms.blogspot.de/2009/09/munger-speaks-with-kiplingers-steven.html)

110 Charlie Munger auf der Berkshire Hauptversammlung 2003.

111 Munger, Charlie, BBC Interview 2010.

112 Lowe, Janet, Damn right! Behind the Scenes with Berkshire Hathaway Billionaire Charlie Munger, New York 2000, S. 231.

113 Lu Li, My Teacher Charlie Munger, in: China Entrepreneur Magazine vom 21.05.2010.

114 Buffett, Warren, CNBC Interview vom 04.05.2014. https://de.scribd.com/document/222137086/CNBC-Transcript-Warren-Buffett-Bill-Gates-and-Charlie-Munger-May-5-2014

115 Munger, Charlie, Forbes 1969.

116 Munger, Charlie, Rede an der Harvard-Westlake School 1986.

117 Munger, Charlie, Buffett Speaks 2007 (zitiert in Griffin S. 44)

118 Charlie Munger auf der Berkshire Hauptversammlung 1999.

119 Munger, Charlie, University of California, Santa Barbara 2003 (zitiert in Griffin S. 44)

120 Munger, Charlie, CNBC Interview vom 04.05.2014. https://de.scribd.com/document/222137086/CNBC-Transcript-Warren-Buffett-Bill-Gates-and-Charlie-Munger-May-5-2014

121 Charlie Munger auf der Wesco Hauptversammlung 2010.

122 Charlie Munger auf der Wesco Hauptversammlung 2010.

123 Lowenstein, Roger, Buffett – Die Geschichte eines amerikanischen Kapitalisten, Kulmbach 2009, S. 194.

124 Charlie Munger auf der Wesco-Hauptversammlung 2007.